Doris Muliar

Die Low-Carb-Diät für den Thermomix®

Über 100 Rezepte bis 500 Kalorien

riva

Bibliografische Information der Deutschen Nationalbibliothek
Die Deutsche Nationalbibliothek verzeichnet diese Publikation in der Deutschen Nationalbibliografie. Detaillierte bibliografische Daten sind im Internet über https://dnb.de abrufbar.

Für Fragen und Anregungen
info@m-vg.de

Wichtige Hinweise
Sämtliche Inhalte dieses Buches wurden – auf Basis von Quellen, die die Autorin und der Verlag für vertrauenswürdig erachten – nach bestem Wissen und Gewissen recherchiert und sorgfältig geprüft. Alle Rezepte in diesem Buch wurden für den Thermomix® TM5 entwickelt und mit diesem getestet. Bitte beachten Sie: Der Mixtopf des Thermomix® TM5 ist größer als der des TM31 (Kapazität von 2,2 Litern anstatt 2,0 Liter beim TM 31). Daher dürfen aus Sicherheitsgründen die Rezepte aus diesem Buch nur dann mit dem TM31 nachgekocht werden, wenn die Mengen angepasst wurden. Achten Sie auf die Füllstandsmarkierungen und überschreiten Sie die maximale Füllmenge nicht. Der Verlag und die Autorin haften für keine nachteiligen Auswirkungen, die in einem direkten oder indirekten Zusammenhang mit den Informationen stehen, die in diesem Buch enthalten sind. Thermomix® ist ein eingetragenes Warenzeichen der Vorwerk & Co. KG. Diese Publikation ist kein offizielles Lizenzprodukt der Vorwerk & Co. KG.

Ausschließlich zum Zweck der besseren Lesbarkeit wurde auf eine genderspezifische Schreibweise sowie eine Mehrfachbezeichnung verzichtet. Alle personenbezogenen Bezeichnungen sind somit geschlechtsneutral zu verstehen.

Originalausgabe
7. Auflage 2026

Türkenstraße 89
80799 München
Tel.: 089 651285-0

Redaktion: Caroline Kazianka
Umschlaggestaltung: Laura Osswald
Umschlagabbildungen: Sarsmis/iStockphoto.com, Shutterstock: Happy Stock Photo, Mama, Binh Thanh Bui, Elena Veselova, Yuliya Gontar, Anna Shepulova, Ekaterina Kondratova, Olena Kaminetska, Radu Bercan, Viktor1, Avrora Studio
Satz: Satzwerk Huber, Germering
Druck: Florjancic Tisk d.o.o., Slowenien
Printed in the EU

ISBN Print 978-3-7423-0076-8
ISBN E-Book (PDF) 978-3-95971-483-9
ISBN E-Book (EPUB, Mobi) 978-3-95971-482-2

Inhaltsverzeichnis

Vorwort

Abnehmen scheint so einfach wie noch nie: Zeitschriften und Fernsehen sind voller Ratschläge, wie Sie ganz einfach ein paar oder auch viele Pfunde verlieren können. Fast im Monatsrhythmus wird eine neue Diät angepriesen, die Wunder vollbringen soll. Beinahe täglich sehen wir neue Produkte im Supermarkt, die frei sind von Zucker, von Kohlenhydraten, von Fett, Lactose, Gluten und was auch immer. Das ein oder andere mag sicher hilfreich sein, vieles aber erscheint überflüssig und verschwindet auch schnell wieder.

Eines stimmt jedoch tatsächlich: Abnehmen kann wirklich einfach sein, wenn Sie nur zwei Dinge verinnerlichen. Nehmen Sie erstens etwas weniger Kalorien zu sich, als Sie täglich verbrauchen, und achten Sie zweitens darauf, woraus diese Kalorien bestehen. Das zu beherzigen funktioniert natürlich am besten, wenn Sie Ihre Mahlzeiten selbst zubereiten und industriell hergestellte Lebensmittel meiden.

Mit Ihrem Thermomix® haben Sie den idealen Helfer dafür. Füttern Sie ihn mit frischen Zutaten und genießen Sie in weniger als einer halben Stunde Mahlzeiten voller Vitalstoffe, aber mit weniger Kalorien und reduzierten Kohlenhydraten.

In diesem Buch haben wir für Sie auch einige »Basics« zusammengestellt, die Sie auf Vorrat zubereiten können, wie zum Beispiel leckere Aufstriche und Saucen. Sie finden Vorschläge für Müslis – ganz ohne Carb-Flocken –, Brote, die mit wenig Mehl auskommen, und Ersatz für kohlenhydratreiche Pizza- und Tortenböden, Pfannkuchen und Spätzle. Die vielen Gemüserezepte werden auch Vegetarier und Veganer zufriedenstellen, Fleisch und Fisch verwenden wir nur in gedämpfter Form. Beinahe alle Rezepte enthalten höchstens 10 g Kohlenhydrate – lediglich bei den Hülsenfrüchten gibt es Ausreißer nach oben. Zum Nachtisch gibt es dann noch Cremes mit Beeren obenauf.

Bei über 100 – auch familientauglichen – Rezepten und Anregungen ist sicher für jeden etwas dabei, um sich gesund und mit frischen Zutaten zu ernähren und vor allem etwas überflüssiges Gewicht zu verlieren.

Zehn Punkte für Ihre Sicherheit

Wahrscheinlich sind Sie bestens vertraut mit dem Thermomix® und haben ihn schon längst in Ihren Kochalltag integriert. Wenn Sie Ihren Thermomix® aber längere Zeit nicht verwendet haben: Lesen Sie sich bitte noch einmal die Gebrauchsanleitung gut durch. Zur Sicherheit haben wir hier die wichtigsten Bedienungs- und Sicherheitsfragen für den TM5 kurz zusammengefasst.

1. Wenn Sie etwas zerkleinern oder pürieren: Setzen Sie immer den Messbecher ein. Beim Zerkleinern von Nüssen, Gemüse oder anderen harten Lebensmitteln könnten sonst Teile herausgeschleudert werden. Beim Pürieren von heißen Suppen besteht Verbrennungsgefahr durch Spritzer! Verwenden Sie auch den Spritzschutz, wenn Sie vier oder mehr Portionen Suppe kochen – auch da kann es spritzen.
2. Bei heißem Mixtopfinhalt (über 60 °C) nicht sofort im Turbo-Modus pürieren und die Drehzahl nur langsam ansteigend erhöhen.
3. Beachten Sie die maximale Füllstandsmarkierung im Mixtopf. Er ist für 2,2 Liter ausgelegt.
4. Der Mixtopfdeckel entriegelt automatisch nach Ende der eingestellten Garzeit. Versuchen Sie nicht, ihn gewaltsam zu öffnen.
5. Beim Dampfgaren mit dem Varoma darf der Messbecher nicht eingesetzt werden – es kann sonst kein Dampf entweichen.
6. Bei Verwendung des Varoma muss der Dampf zirkulieren können. Lassen Sie daher immer einige Schlitze im Boden frei. Geben Sie genügend Wasser für die Dampfentwicklung in den Mixtopf. Setzen Sie stets den Varoma-Deckel auf und achten Sie darauf, beim Öffnen nicht mit dem heißen Dampf in Berührung zu kommen.

7. Der Rühraufsatz (Schmetterling) zum Schlagen von Eischnee oder Sahne darf nur bis höchstens Stufe 4 verwendet werden. Der Spatel darf bei Verwendung des Schmetterlings nicht eingeführt werden.
8. Bitte niemals ein anderes Rührwerkzeug als den Spatel in die Deckelöffnung einführen. Der Spatel ist mit seinem »Kragen« so konstruiert, dass er nicht mit den Messern in Berührung kommen kann.
9. Wenn Sie den Mixtopf zum Reinigen auseinandernehmen, gehen Sie äußerst vorsichtig mit den Messern um – die Messer sind höllisch scharf, es besteht Verletzungsgefahr.
10. Wenn Ihr Thermomix® keinen festen Platz in Ihrer Küche hat, stellen Sie ihn immer auf eine rutschfeste, ebene Arbeitsfläche. Beim Zerkleinern oder beim Rühren von Teigen könnte der Thermomix® durch Unwucht in Bewegung geraten. Bleiben Sie bei diesen Arbeitsschritten neben dem Gerät.

Infos zu den Rezepten

- Alle Rezepte sind für den TM5 konzipiert.
- Die Nährwerte der Rezepte in diesem Buch sind nach dem Bundeslebensmittelschlüssel berechnet. Bei jedem Rezept finden Sie Nährwertangaben. Kcal steht für Kalorien, KH für Kohlenhydrate, E für Eiweiß und F für Fett.
- Die Mengenangaben für die Gemüse beziehen sich auf unvorbereitete Ware.
- Mit Zwiebel meinen wir immer eine mittelgroße Zwiebel. Sonst ist angegeben: große oder kleine Zwiebel.
- Bei gebundenen Suppen verwenden wir stets Sahne zum Kochen mit 15 % Fett.
- 1 EL Öl schlägt bei den Nährwertberechnungen mit 15 g zu Buche.
- Milch verwenden wir immer in der fettarmen Version mit 1,5 % Fett.
- Wir nehmen den fettarmen Frischkäse mit 20 % Fett, obwohl auch Varianten mit weniger Fett angeboten werden.
- Auch bei Quark bevorzugen wir Produkte mit 20 % Fett.

Kleine Low-Carb-Warenkunde

Im Grunde ist die Low-Carb-Ernährung ganz einfach: Es wird alles reduziert oder weggelassen, das viele Kohlenhydrate enthält. Das betrifft vor allem Zucker, Teigwaren, Reis und Brot.

Warum zu viele Kohlenhydrate zu Übergewicht führen können, ist schnell erklärt: Das Hormon Insulin aus der Bauchspeicheldrüse kontrolliert den Blutzuckerspiegel. Es sorgt dafür, dass die Körperzellen mit Glucose versorgt werden, ist sozusagen der Türöffner, mit dem die Zellen aufgeschlossen werden, damit der Treibstoff hineinkann.

Ist zu viel Insulin im Blut – was immer nach kohlenhydratreichem Essen der Fall ist –, beschleunigt das Insulin die Einlagerung von Glucose in den Zellen, die wiederum den Zucker in Fett umwandeln. Und, ganz wichtig: Solange Insulin im Blut zirkuliert, wird kein Fett abgebaut!

Dadurch, dass Insulin den Zucker aus dem Blut schleust, entsteht aber auch gleich wieder ein Hungergefühl und wir essen einen Snack – meist mit Kohlenhydraten – und der Teufelskreis beginnt von vorne.

Um diesen Ablauf zu durchbrechen, sollte man wenige oder zumindest nur kohlenhydratfreie Snacks zu sich nehmen und zu

den drei Hauptmahlzeiten darauf achten, dass so oft wie möglich mehr eiweißhaltige Lebensmittel auf den Teller kommen als solche mit Kohlenhydraten.
Wir wollen aber nicht in das Extrem verfallen, Kohlenhydrate komplett zu verteufeln und ganz aus unserer Ernährung zu verbannen. Denn sie sind und bleiben ein wichtiges Lebensmittel, das schnell Energie liefert und unverzichtbar für unser Gehirn ist. Zwar kann der Körper den erforderlichen Zucker auch aus seinen eigenen Fett- und Eiweißvorräten herstellen, was er aber nur dann tut, wenn er über einen längeren Zeitraum gar keine Kohlenhydrate bekommen hat. Damit diese sogenannte Gluconeogenese dauerhaft funktioniert, muss man tatsächlich auf Brot, Nudeln & Co komplett verzichten. Das macht keinen Spaß und hat auch nichts mit Low-Carb zu tun. Wenn Sie zwischen 50 und 100 g Kohlenhydrate pro Tag zu sich nehmen, bleiben Sie auf der sicheren Seite und werden auch Fett abbauen und damit Schritt für Schritt Ihrer Wunschfigur näherkommen.
Dazu gibt es einige Stoffe, die es uns leichter machen, Kohlenhydrate in der Nahrung zu ersetzen. Auf den folgenden Seiten stellen wir Ihnen solche Ersatzmöglichkeiten vor, die wir auch erprobt haben. Entscheiden Sie selbst, ob Sie davon Gebrauch machen wollen oder ob Sie einfach eine Scheibe Brot weniger essen und statt zu Kartoffeln lieber zu Kohlrabi oder Topinambur greifen wollen – für beide Möglichkeiten haben wir Rezepte für Sie entworfen.

Zucker

Buchstäblich in aller Munde ist Erythritol oder Erythrit. Der Ersatzstoff wird durch Fermentierung aus Glucose und Saccharose gewonnen und ist chemisch gesehen Zuckeralkohol. In Reformhäusern wird Erythrit unter verschiedenen Namen wie zum Beispiel Sukrit, Sukrin, Xucker, Wiezucker u. a. angeboten. Wenn Sie nach Erythrit fragen, wissen die Mitarbeiter Bescheid. In unseren Rezepten verwenden wir die Bezeichnung Zuckerersatz.

Erythrit ist dem Haushaltszucker sehr ähnlich: Es ist genauso kristallin, lässt sich pulverisieren und hat etwa 70 Prozent der Süßkraft normalen Zuckers. Da es auch in kleinen Mengen in unserer Nahrung vorkommt, wird es in Studien als unbedenklich eingestuft und wurde 2006 in der EU als Süßungsmittel in Lebensmitteln zugelassen.

Es hat keine Kalorien, keine Blutzuckerwirkung und wird vom Körper einfach wieder ausgeschieden. Da der Stoff aber relativ teuer ist, sollten Sie vielleicht überlegen, auf welche süßen Zubereitungen Sie ganz verzichten können.

Sie sollten auch darauf achten, nicht zu große Mengen dieses »Wunderstoffs« zu sich zu nehmen. Denn dann kann es – trotz aller Unbedenklichkeit – zu Blähungen, Bauchschmerzen und Durchfall kommen. Ohnehin wäre es im Grunde besser, sich allzu Süßes nach und nach abzugewöhnen. Ernährungsexperten bezweifeln nämlich, ob es sinnvoll ist, den Körper immer wieder mit Süßstoffen zu täuschen. Denn auch das macht Lust auf immer mehr Zucker oder eben Zuckerersatz – ein Umstand, der in der Kälbermast genutzt wird. Bei unseren Rezepten mit Zuckerersatz können Sie diesen ganz weglassen oder reduzieren – das Gericht wird trotzdem gelingen.

Wir haben auch festgestellt, dass Erythrit beim Austausch von größeren Mengen Zucker zum Beispiel bei Süßspeisen eine Art Kältegefühl im Mund erzeugt und leicht salzig schmeckt. Beim Zubereiten von Marmeladen gilt: ein Teil Zuckerersatz auf vier Teile Obst. Beim Backen sollte der Zuckerersatzanteil 20 Prozent des Gesamtgewichts der Zutaten nicht übersteigen.

Andere Zuckerersatzstoffe wie Xylit, Sorbit, Maltit(ol), Birkenzucker u. a. enthalten sehr wohl Kalorien und auch Kohlenhydrate, meist aus Fructose oder Lactose.

Zuckerersatzstoffe sind nicht zu verwechseln mit Süßstoffen, die industriell hergestellt werden und mittlerweile in Verruf geraten sind. Daher haben wir – auch wenn nichts wirklich bewiesen ist – ganz darauf verzichtet.

Zu nennen wäre nun noch Stevia, ein Süßstoff pflanzlichen Ursprungs, dessen leicht bitterer Lakritz-Geschmack allerdings nicht jedermanns Sache ist.

Gelieren

Kalt gerührte Marmeladen behalten das volle Aroma und die Vitalstoffe der verwendeten Früchte. Allerdings sind sie nicht lange haltbar und geraten eher flüssig. Es gibt alle möglichen – auch zuckerärmere – Geliermittel für Marmeladen, die heiß oder kalt verwendet werden. Zusätzlich zum Zuckergehalt der Früchte ergibt das aber leider High-Carb-Portionen.
Apfelpektin ist das Geliermittel, das auch in allen Gelierzuckern enthalten ist. Sie bekommen es pur in kleinen Tütchen und können damit Ihre Marmeladen – ob nun mit Zuckerersatz oder ohne – problemlos gelieren. Gelatine als Blätter oder Pulver ist in der Anwendung ebenfalls unproblematisch, wird aber mittlerweile von vielen Menschen abgelehnt. Andererseits ist gerade im Thermomix® deren Anwendung kinderleicht, denn die gefürchtete Verklumpung des Gelierguts bleibt aus.
Weitere natürliche Geliermittel wie Chia- oder Flohsamen sind im Ergebnis recht unterschiedlich – was auch vom Zustand der Früchte abhängt. Wenn Sie die sicheren Pfade der industriellen Gelierzucker verlassen möchten, hilft Ihnen jedoch nur etwas Mut zum Experimentieren.
Zu beachten ist auch, dass so hergestellte Marmeladen nicht so lange haltbar sind: also immer in den Kühlschrank stellen und am besten stets mit einem sauberen Löffel entnehmen, damit sich keine Bakterien einschleichen können.
Oft möchte man auch eine Sauce oder eine zu dünn geratene Suppe etwas eindicken. Speziell bei der Zubereitung mit dem Thermomix®, wenn zu einem Stück Fisch oder Fleisch aus dem Varoma noch schnell eine Sauce benötigt wird.
Dafür gibt es eine ganze Menge natürlicher Gelier- und Verdickungsmittel, mit denen man auch im Thermomix® hervorragend arbeiten kann.
Geliermittel wie zum Beispiel Agar-Agar, Pektin oder Flohsamenschalen werden für Puddings, Gelee, Mousse oder Marmelade verwendet.
Für Suppen, Saucen und Desserts, die nur etwas angedickt werden sollen, eignen sich 1–2 TL Guarkernmehl, Johannisbrotkernmehl, Pfeilwurzmehl oder Maisstärke.

Achten Sie bei der Dosierung auf die Angaben auf der Verpackung. Je nach Hersteller können die notwendigen Mengen unterschiedlich ausfallen.

Backen

Brot – egal ob weiß, dunkel, aus vollem Korn oder mit Körnern – wird nie Low-Carb sein. Da gibt es nur eines: den Brotkonsum reduzieren. Ganz darauf verzichten brauchen Sie keinesfalls, denn Brot ist ein hervorragendes Lebensmittel und unsere Devise ist ja Low-Carb, nicht No Carb!

Im Handel gibt es verschiedene sogenannte Eiweißbrote oder Gute-Nacht-Brote, bei denen ein Teil des Mehls durch andere Stoffe ersetzt wird. Lesen Sie aber vorsichtshalber die Liste der Inhaltsstoffe auf der Rückseite und entscheiden dann, ob sie gut für Sie sind.

Am wenigsten Kohlenhydrate (ca. 5–12 g KH/100 g je nach Hersteller) enthalten Kokos- und Mandelmehl, die aus den Rückständen bei der Herstellung von Kokos- oder Mandelmilch gewonnen werden. Es wird empfohlen, bis maximal 20 Prozent des Getreidemehls in Brotrezepten auszutauschen. Da diese Mehle kein Gluten beinhalten, müssen noch andere Zutaten dafür sorgen, dass aus dem Teig schließlich Brot, Kuchen und Kekse werden. Denn Gluten ist der Klebstoff, der Backwaren zusammenhält. Geeignet als »Kleber« sind gemahlene Mandeln, Nüsse, Leinsamen, Kleie, Hirse oder Quark, Guarkernmehl oder Flohsamenschalen.

Auch Mehle aus Amaranth, Mais, Linsen, Soja oder Lupinen haben einen geringeren Anteil an Kohlenhydraten und punkten mit viel Eiweiß. Canihua ist ein neuer Stern am glutenfreien Himmel. Das südamerikanische Pseudogetreide erinnert ein bisschen an Schokolade und ist bislang nur im Internet erhältlich. Die meisten anderen gibt es aber schon im Supermarkt zu kaufen. Beinahe im Monatsrhythmus kommen neue

Produkte dazu. Also: Augen auf beim Kauf von Zutaten für Ihre Brot- und Keksdose. Weniger Kalorien als normales Brot haben diese Varianten allerdings nicht. Nüsse, Leinsamen etc. verringern zwar die Carbs, enthalten aber mehr Fett als die herkömmlichen Mehle.

Um den Eiweißgehalt in Broten zu erhöhen und dem Teig mehr Festigkeit zu geben, kann man auch Eiweißpulver hinzufügen. Sie bekommen es – mit oder ohne Geschmack – in Bioläden, Reformhäusern und Drogeriemärkten.

Mit diesen Zutaten können Sie Ihre Low-Carb-Brote auch selbst backen. Ab Seite 54 finden Sie einige Brotrezepte, die mit deutlich weniger Kohlenhydraten auskommen, und ab Seite 72 Rezepte für »Teigiges« wie Pizza- und Tortenböden.

Müsli

Jahrzehntelang haben wir gelernt: Müsli zum Frühstück ist das A und O für gesunde und vitale Ernährung. Und jetzt soll es auf einmal ein No-Go sein? Nicht ganz: Nur die Haferflocken müssen raus und natürlich der viele Zucker, der sich in den meisten industriell hergestellten Müslis versteckt.

Aber es gibt ja zum Glück viele Alternativen: Sie können Ihr Müsli zum Beispiel mit unterschiedlichen Flocken zubereiten. Da gibt es Quinoa, Amaranth, Buchweizen, Hirse oder Reis. Manche Pseudogetreide werden sogar »gepufft« angeboten, was die Sache dann knuspriger macht.

Alle Sorten von Nüssen und Kernen können Bestandteil Ihres Müslis sein, ebenso frische oder tiefgekühlte Beeren. Frühmorgens müssen Sie auch nicht so akkurat auf die Carbs der Obstsorten achten, denn die Kohlenhydratverträglichkeit ist noch sehr hoch.
Finger weg allerdings von Honig, Ahorn- und anderen Sirups: Was oft als gesund gepriesen wurde, ist eigentlich reiner Zucker, heißt nur anders.
Ab Seite 48 finden Sie Vorschläge, wie Sie Ihre Müslibasis und auch -riegel auf Vorrat zubereiten können.

Teigwaren

Nudeln & Co sind in der Low-Carb-Ernährung wirklich tabu. Zumindest als Hauptgericht.
Derzeit werden verschiedene Ersatzmöglichkeiten angeboten wie Linsenspaghetti, Soja-Tagliatelle und die viel gepriesenen Shirataki-Nudeln. Ein Hersteller nennt sie die »kalorienärmste Nudel der Welt«. Die Teigwaren gibt es mittlerweile in verschiedenen Formen – auch als »Reis«. Sie werden aus dem Mehl der Konjak-Wurzel geformt, das nur 5 g Kohlenhydrate pro 100 g aufweist und glutenfrei ist.
Sie bekommen Shirataki-Nudeln in großer Auswahl in Asialäden, in Reformhäusern, in manchen Supermärkten und natürlich im Internet. Die Teigwaren schwimmen in durchsichtigen Beuteln in einer klaren Flüssigkeit, die beim Öffnen etwas fischig riecht. Der Geruch verfliegt aber und die Nudeln werden je nach Packungsanleitung einfach mit heißem Wasser übergossen oder kurz gekocht.
Nach unserer Erfahrung können sie die klassischen Spaghetti nicht gleichwertig ersetzen. Sie haben keinen Eigengeschmack und auch ihre Konsistenz ist anders. Als Suppeneinlage oder als kleine Beilage zur Sättigung sind die »weißen Wasserfälle«, so die Übersetzung aus dem Japanischen, jedoch durchaus geeignet.

Hülsenfrüchte

Bei strengen Low-Carblern sind Linsen, Bohnen und Erbsen tabu. Klar, sie enthalten relativ viel Kohlenhydrate. Andererseits aber auch reichlich Ballast- und Vitalstoffe und vor allem wertvolles pflanzliches Eiweiß. Und dieses ist ein bedeutender Baustein in der Low-Carb-Ernährung. Eiweißreiches Essen macht lang anhaltend satt, unterstützt den Muskelaufbau, stärkt die Knochen und hilft dabei, Fett zu verbrennen. Dr. Nicolai Worm, der Erfinder der LOGI-Methode für eine gesunde und gewichtsoptimale Ernährung, empfiehlt, 20 bis 30 Prozent des Energiebedarfs aus Eiweiß zu decken.

Hülsenfrüchte sind – natürlich in Maßen genossen und ohne fette Beigaben – durchaus zum Abnehmen geeignet. Vorsicht ist nur geboten bei Gicht – auch Hülsenfrüchte enthalten nämlich wie Fleisch Purine.

Gegen die gefürchteten Blähungen bei Bohnengerichten helfen Kräuter wie Thymian, Rosmarin und Bohnenkraut oder die Gewürze Kümmel und Fenchelsaat.

Am schnellsten und einfachsten sind Eintöpfe aus roten oder gelben Linsen zubereitet. Sie haben eine extrem kurze Kochzeit und man braucht sie nicht einzuweichen. Auch bei Bohnen wollten wir auf lange Einweichzeiten verzichten und haben uns deshalb entschieden, sie aus der Dose zu verwenden. Kichererbsen, dicke Bohnen und Kidneybohnen gibt es alle in Bio-Qualität zu kaufen.

Sahne

Da es beim Abnehmen hauptsächlich darauf ankommt, die tägliche Kalorienmenge im Blick zu behalten, sollte man auch beim Fett ein wenig aufpassen. Glücklicherweise existieren von Joghurt, Frischkäse und Crème fraîche recht annehmbare fettarme Varianten. Und bei der Sahne hat sich ebenfalls einiges getan: Es gibt sie als Sahne zum Kochen reduziert auf 15 Prozent bzw. auf 7 Prozent Fett. Als Schlagsahne eignet sich die Sahne zum Kochen natürlich nicht – aber zum Abrunden von Saucen und Suppen ersetzt sie die fette Schwester tadellos. Viele der Kochsahnen sind auch für Vegetarier und Veganer geeignet. Sie werden unter verschiedenen Markennamen angeboten und Sie finden sie direkt neben der »echten« Sahne.

Die Low-Carb-Diät in der Praxis

Bei Low-Carb gibt es nur wenige Vorschriften, was genau, wann und wie viel Sie zu sich nehmen dürfen. Wichtig ist, besonders abends eine Mahlzeit mit nur wenigen Kohlenhydraten, dafür aber einem höheren Eiweiß-Anteil zu essen. Daneben sollte man auch auf eine maßvolle Kalorienzufuhr achten – das ergibt sich aber bei Verwendung von kohlenhydratarmen Gemüsen, zuckerreduzierten Süßspeisen und fettarmem Fleisch aus artgerechter Haltung fast von selbst.

Ideal wäre es, sich an die drei klassischen Mahlzeiten Frühstück, Mittag- und Abendessen zu halten und sich dabei auch wirklich satt zu essen. (Unsere Portionen sind dafür groß genug!) Dann kommen Gelüste auf eine Zwischenmahlzeit gar nicht erst auf. Und wenn doch: Snacken Sie einfach ganz ohne Kohlenhydrate! Das kann eine Handvoll Nüsse sein, eine Scheibe Käse oder ein paar Gemüsesticks. Damit verhindern Sie, dass Ihr Blutzuckerspiegel ansteigt, Insulin ausgeschüttet wird und der Hunger zwischendurch sich schnell wieder meldet.

Vorschläge für Ihr Frühstück

Für Ihr Frühstück können Sie zum Beispiel die Haferflocken-Brötchen (Seite 59) oder das Leinsamenbrot mit Sonnenblumenkernen (Seite 64) vorbacken und mit etwas Frischkäse, süßem Aufstrich (ab Seite 24) oder einem Gemüse-Aufstrich (ab Seite 30) bestrichen genießen. Gut ins Konzept passen wegen ihrer Proteine auch Schinkenscheiben oder ein gekochtes Ei.
Alternativ darf es auch ein Müsli sein (ab Seite 48). Die getreidefreien Mischungen können Sie problemlos auf Vorrat zubereiten – sie halten sich in einer gut verschließbaren Dose bis zu zwei Wochen. Mischen Sie einfach 2 EL davon mit einem beliebigen fettarmen Milchprodukt und etwas Beerenobst.

Was gibt es zu Mittag?

Zur Mittagszeit kann der Organismus Kohlenhydrate noch gut verarbeiten. Daher können Sie schon ab und zu mal eine Suppe oder einen sättigenden Eintopf mit Hülsenfrüchten (ab Seite 90) genießen. Die meisten Rezepte dafür sind für 4 Portionen berechnet – Sie können alles problemlos einfrieren, zwei bis drei Tage im Kühlschrank aufbewahren und auch mitnehmen.

Dasselbe gilt für die Suppen im Kapitel Schlankgemüse (ab Seite 114). Wer es gerne süß mag, kann sich für die Mittagszeit Pfannkuchen (Seite 181) vorbereiten. Sie schmecken auch kalt mit einem unserer Aufstriche gefüllt lecker.

Ein wenig Vorsicht am Abend

Damit sich Ihr Organismus nachts nicht mit zu vielen Carbs herumschlagen muss, sollten Sie darauf achten, für das Abendessen Gerichte auszuwählen, die mehr Eiweiß als Kohlenhydrate enthalten. Das ist bei allen Fleisch- (ab Seite 146) und Fischgerichten (ab Seite 158) ganz automatisch der Fall.

Vegetarier können das Eiweiß-Kohlenhydrate-Verhältnis durch Käse und Eier verbessern. Probieren Sie dafür zum Beispiel mal das Rezept für die Zucchini-Kasserolle (Seite 119), die Zucchini-Omelett-Torte (Seite 139) oder die Auberginen-Moussaka (Seite 132) aus.

Generell haben unsere Gemüserezepte aber alle höchstens 10 g Kohlenhydrate pro Portion, was sie auf jeden Fall zur Low-Carb-Ernährung – auch abends – geeignet macht.

Rezepte

Obst aufs Brot

Laut EU-Verordnung dürfen nur Zitrusfrucht-Aufstriche als Marmelade verkauft werden. Konfitüren hingegen sind Aufstriche aus viel, viel Zucker (mindestens 60 Prozent!). Umgangssprachlich wird aber alles, das süß aufs Brot kommt, als Marmelade bezeichnet.

Wir stellen Ihnen hier verschiedene Möglichkeiten vor, Ihr Marmeladenbrötchen zum Frühstück kohlenhydratarm, also mit deutlich weniger Zucker, zu genießen. Natur und Industrie bieten allerlei praktische Stoffe, mit denen Sie gelieren können: Gelierzucker 3 : 1, Gelfix in verschiedenen Stärken, Agar-Agar, Apfelpektin (das auch im Gelierzucker enthalten ist) oder Chiasamen. Einige davon haben wir in den folgenden Beeren-Rezepten für Sie ausprobiert.

Beerenobst enthält weniger Fruchtzucker als andere Obstsorten und ist daher auch in der Low-Carb-Ernährung, zumal in so geringen Mengen wie beim Fruchtaufstrich, durchaus willkommen. Low-Carb bedeutet ja nicht, gänzlich auf Kohlenhydrate zu verzichten. So manches Obst – und besonders die Beeren – trumpft immerhin mit überaus gesunden Inhaltsstoffen auf.

Beerenaufstrich mit Gelierzucker

Für ca. 40 Portionen • Pro Portion (2 EL): 31 kcal, 0 g E, 0 g F, 7 g KH

500 g Heidelbeeren
250 g Schwarze Johannisbeeren
1 Vanilleschote
250 g Gelierzucker 3 : 1

1. Heidelbeeren in einem Sieb waschen, verlesen und in den Mixtopf geben. Johannisbeeren waschen, abtropfen lassen, mithilfe einer Gabel von den Stielen streifen und mit den Heidelbeeren mischen. Die Vanilleschote längs aufschlitzen, das Mark herauskratzen und mit dem Gelierzucker in den Topf geben.
2. Den Messbecher aufsetzen und das Ganze 3 Sekunden/Stufe 5 zerkleinern. Mit Spritzschutz 6 Minuten/100 °C/Stufe 1,5 linksdrehend kochen – auf die Temperaturanzeige achten: Es kann etwas kürzer oder länger dauern, bis die 100 °C erreicht sind.
3. In der Zwischenzeit 4 Schraubgläser (à 250 ml) heiß ausspülen und kopfüber abtropfen lassen.
4. Beerenmasse 4 Minuten/Varoma/Stufe 2 linksdrehend sprudelnd kochen lassen. Eventuell die Öffnung unter dem Spritzschutz mit Küchenkrepp abdecken – es kann sehr spritzen.
5. Aufstrich in die vorbereiteten Gläser füllen, sofort verschließen und 15 Minuten kopfüber stehen lassen.

TIPP: **Wenn Sie nicht sicher sind, ob der Aufstrich fest genug sein wird, machen Sie die Gelierprobe: 1 TL heiße Fruchtzubereitung auf einen kalten Teller geben, kurz abkühlen lassen. Wenn Sie den Teller schräg halten und der Aufstrich zerläuft, sollte die Kochzeit noch etwas verlängert werden.**

Fruchtige Himbeeren mit Agar-Agar

Für ca. 30 Portionen • Pro Portion (2 EL): 6 kcal, 0 g E, 0 g F, 1 g KH

500 g Himbeeren
100 g Zuckerersatz
2 EL Zitronensaft
1 TL Agar-Agar

1. Himbeeren behutsam waschen und verlesen. Mit Zuckerersatz und Zitronensaft in den Mixtopf geben und 5 Sekunden/Stufe 2 verrühren.
2. Agar-Agar mit 2 EL Wasser verrühren. Es entsteht sofort eine Geleemasse. Diese zu den Himbeeren geben und alles zusammen 15 Minuten/100 °C/Rührstufe einkochen.
3. Währenddessen 2 Schraubgläser (à 250 ml) heiß ausspülen und kopfüber abtropfen lassen.
4. Die heiße Konfitüre in die Gläser füllen, sofort verschließen und 24 Stunden beiseitestellen. Die Gläser sollten nicht bewegt werden, damit der Gelierprozess nicht unterbrochen wird.

Johannisbeeren mit Apfelpektin

Für ca. 30 Portionen • Pro Portion (2 EL): 6 kcal, 0 g E, 0 g F, 1 g KH

500 g Rote Johannisbeeren
100 g Zuckerersatz
3 EL Zitronensaft
10 g Apfelpektin

1. Die Johannisbeeren waschen, abtropfen lassen und die Beeren mit einer Gabel von den Stängeln streifen. Mit Zuckerersatz und Zitronensaft in den Mixtopf geben und in 6 Minuten/100 °C/Stufe 1 linksdrehend zum Kochen bringen.
2. Apfelpektin durch die Deckelöffnung dazugeben und alles weitere 5 Minuten/100 °C/Stufe 1 linksdrehend kochen.
3. Währenddessen 2 Schraubgläser und deren Deckel (à 250 ml) heiß ausspülen und kopfüber abtropfen lassen.
4. Die heiße Masse in die Gläser füllen, sofort verschließen und 48 Stunden ungestört stehen lassen, damit der relativ lang dauernde Gelierprozess nicht unterbrochen wird.

Kalt gerührte Erdbeeren

Für ca. 30 Portionen • Pro Portion (2 EL): 8 kcal, 0 g E, 0 g F, 1 g KH

500 g Erdbeeren
1 Stück Ingwer (haselnussgroß)
1 Zweig frische Minze
100 g Zuckerersatz
etwas schwarzer Pfeffer aus der Mühle
1 Pck. Gelfix extra (25 g)

1. Die Erdbeeren waschen, gut abtropfen lassen und entstielen. Den Ingwer schälen und halbieren. Die Minze waschen, trocken schütteln und die Blätter vom Stiel zupfen.
2. Alle Zutaten in den Mixtopf geben, den Messbecher aufsetzen und 2 Minuten/Stufe 8 pürieren. Die pürierten Erdbeeren vom Deckel und der Topfwand mit dem Spatel zum übrigen Püree geben.
3. Fruchtmasse offen 35 Minuten/Stufe 1 rühren. In der Zwischenzeit 2 Gläser (à 250 ml) mit Schraubverschluss heiß ausspülen.
4. Die Marmelade einfüllen, Gläser verschließen und im Kühlschrank 24 Stunden ruhen lassen.

Beeren mit Chiasamen

Für ca. 15 Portionen • Pro Portion (2 EL): 11 kcal, 0 g E, 0 g F, 1 g KH

- 250 g frische Beerenfrüchte
- ½ Vanilleschote
- 1 EL Zitronensaft
- 25-50 g Zuckerersatz
- 20 g helle Chiasamen

1. Die Beeren waschen, verlesen und von Stielen und Blättchen befreien. Die Vanilleschote längs aufschlitzen und das Mark herauskratzen.
2. Beeren, Vanillemark, Zitronensaft und Zuckerersatz in den Mixtopf geben. Messbecher aufsetzen und 5–10 Sekunden/Stufe 5 pürieren.
3. Die Chiasamen dazugeben und 5 Sekunden/Stufe 3 unterrühren.
4. Gut verschließbare Gläser zu ⅔ mit der Marmelade füllen und im Kühlschrank mindestens 2 Stunden oder über Nacht quellen lassen. Wenn die Chiasamen aufquellen, geben sie der Marmelade die nötige Festigkeit.

TIPP: **Ungekochte Aufstriche sollten schnell verbraucht werden. Etwas länger haltbar werden sie, wenn Sie die Früchte 8 Minuten/100 °C/Stufe 0,5 kochen. Dann aber auf 40 °C abkühlen lassen, bevor die empfindlichen Chiasamen dazukommen.**

INFO: **Das Superfood Chiasamen enthält hochwertige Proteine und wertvolle Omega-3-Fettsäuren. In Flüssigkeit gegeben quellen sie zu einer Art Gelee auf und sind so eine gesunde Alternative zu Gelierzucker.**

Mit Gemüse bestrichen

Ob zum Frühstück, zwischendurch oder als kaltes Abendbrot: Gemüseaufstriche können gut auf Vorrat zubereitet und bis zu einer Woche im Kühlschrank aufbewahrt werden. Alle enthalten weniger als 10 g Kohlenhydrate pro Portion und müssen nicht zwingend aufs Brot. Auch Gurken- oder Kohlrabischeiben, Paprikastreifen und Radieschenhälften können gut damit bestrichen werden.

Blumenkohl-Aufstrich

Für ca. 15 Portionen • Pro Portion (2 EL): 51 kcal, 3 g E, 4 g F, 1 g KH

2 Schalotten
1 Knoblauchzehe
1 EL Rapsöl
250 g Blumenkohl
150 ml Wasser
50 g Mandelmehl
50 g gemahlene Mandeln
Salz, Pfeffer
etwas Zitronensaft
50 ml Sahne zum Kochen oder Sojasahne

1. Die Schalotten abziehen und halbieren. Die Knoblauchzehe schälen. Beides zusammen mit dem Öl in den Mixtopf geben, den Messbecher aufsetzen und 5 Sekunden/Stufe 5 zerkleinern. Mit dem Spatel nach unten schieben und 3 Minuten/120 °C/Stufe 1 andünsten.
2. Den Blumenkohl waschen, in Röschen teilen und in den Mixtopf geben. Das Wasser angießen und Blumenkohl in 16–17 Minuten/100 °C/Stufe 1 sehr weich kochen.
3. Mandelmehl und gemahlene Mandeln dazugeben und alles 15 Sekunden/Stufe 6 pürieren. (Messbecher!)
4. Creme mit Salz, Pfeffer und Zitronensaft abschmecken und die Sahne 4 Sekunden/Stufe 3 untermischen. Aufstrich in eine Schüssel umfüllen oder zum Aufbewahren in ein Schraubglas geben. Hält sich ca. 3–4 Tage im Kühlschrank.

Rote-Bete-Aufstrich

Für ca. 15 Portionen • Pro Portion (2 EL): 89 kcal, 3 g E, 7 g F, 3 g KH

300 g rohe Rote Bete
2 Knoblauchzehen
½ Orange (am besten Blutorange)
150 g ganze, geschälte Mandeln
1 TL gemahlener Kreuzkümmel
2 EL Olivenöl
Salz, Pfeffer
2 Stängel glatte Petersilie

1. Die Roten Beten mit einem Sparschäler schälen, putzen und grob würfeln. Ziehen Sie dazu Einmalhandschuhe an, wenn Sie nicht für Stunden rote Hände haben wollen.
2. Die Knoblauchzehen abziehen. Die Orange auspressen.
3. Die Roten Beten mit dem Knoblauch in den Mixtopf geben, den Messbecher aufsetzen und 7 Sekunden/Stufe 6 zerkleinern. Mandeln, Kreuzkümmel, Olivenöl und Orangensaft dazugeben und 30 Sekunden/Stufe 5–7 ansteigend zu einer geschmeidigen Paste verarbeiten. Je nach Konsistenz noch etwas Orangensaft hinzufügen – das Gemüse enthält mal mehr, mal weniger Wasser.
4. Aufstrich mit Salz und Pfeffer kräftig abschmecken und in eine Schüssel umfüllen. Wenn Sie den Aufstrich gleich servieren: Petersilie waschen, trocken schütteln, die Blätter von den Stielen zupfen und auf dem Aufstrich verteilen.

TIPP: **Im Schraubglas hält sich der Rohkost-Aufstrich 2–3 Tage im Kühlschrank. Der Aufstrich ist nicht nur auf unseren Low-Carb-Broten lecker: Sie können ihn auch auf den Pizzateigen ab Seite 72 verstreichen.**

Linsenaufstrich

Für 15 Portionen • Pro Portion (2 EL): 73 kcal, 4 g E, 4 g F, 6 g KH

1 Knoblauchzehe
150 g Berglinsen
1 Lorbeerblatt
½ – 1 TL Garam Masala
400 ml Gemüsebrühe
2 EL Walnussöl
50 g Walnusskerne
Salz, Pfeffer
etwas Zitronensaft

1. Die Knoblauchzehe abziehen. Knoblauch, Linsen, Lorbeerblatt, Garam Masala und Gemüsebrühe in den Mixtopf geben und die Linsen 20–25 Minuten/90 °C/Stufe 1 weich kochen.
2. Das Lorbeerblatt entfernen. Walnussöl und -kerne in den Mixtopf geben und alles 10 Sekunden/Stufe 6 ansteigend zu einer feinen Paste pürieren. Aufstrich mit Salz, Pfeffer und Zitronensaft abschmecken. Zum Aufbewahren in Schraubgläser füllen – hält sich bis zu 1 Woche im Kühlschrank.

TIPP: **Da Hülsenfrüchte ja schon Kohlenhydrate enthalten, können Sie die Paste statt auf Brotschreiben auch auf Gurken-, Zucchini- oder Kohlrabischeiben streichen.**

INFO: **Garam Masala ist eine klassische indische Gewürzmischung, die hauptsächlich aus Kardamom, Koriander, Zimt, Gewürznelken und Pfeffer besteht. Es können aber auch noch Chili, Ingwer, Safran oder Fenchelsamen enthalten sein. Sie bekommen die Mischung mittlerweile in gut sortierten Supermärkten.**

Paprika-Aufstrich

Für ca. 15 Portionen • Pro Portion (2 EL): 44 kcal, 1 g E, 3 g F, 3 g KH

50 g Sonnenblumen- oder Cashewkerne
2 Schalotten
1–2 Knoblauchzehen
1 EL Olivenöl
je 1 rote und gelbe Paprikaschote (à ca. 250 g)
200 g Fleischtomaten
1 Pck. Zitronensäure
Salz, Pfeffer
etwas weißer Balsamessig

1. Die Sonnenblumenkerne in den Mixtopf geben, Messbecher aufsetzen und 8 Sekunden/Stufe 7 zerkleinern. In eine kleine Schüssel umfüllen.
2. Die Schalotten abziehen und halbieren. Die Knoblauchzehen schälen. Beides in den Mixtopf geben und mit aufgesetztem Messbecher 5 Sekunden/Stufe 5 zerkleinern. Mit dem Spatel nach unten schieben, das Öl dazugeben und 3 Minuten/120 °C/Stufe 1 andünsten.
3. In der Zwischenzeit die Paprikaschoten waschen, putzen und grob zerschneiden. Die Tomaten waschen, halbieren und die Stielansätze entfernen. Das Gemüse in den Mixtopf geben und 10 Sekunden/Stufe 5 zerkleinern. Nach unten schieben, Zitronensäure dazugeben und Aufstrich mit dem Garkörbchen als Spritzschutz 25–30 Minuten/100 °C/Stufe 1,5 einkochen. Zwischendurch das Kochgut eventuell nochmals nach unten schieben und die Dicke des Aufstrichs kontrollieren. Bei Bedarf 2–3 EL Wasser hinzufügen.
4. Die Sonnenblumenkerne 5 Sekunden/Stufe 4 unterrühren und die Paste mit Salz, Pfeffer und Balsamessig abschmecken.
5. 2 Gläser mit Schraubverschluss (à 200 g) heiß ausspülen, den Aufstrich einfüllen, verschließen und kopfüber erkalten lassen.

Variante: Paprika-Aufstrich mit Schafkäse

Für 4 Portionen als Vorspeise • Pro Portion: 126 kcal, 3 g E, 10 g F, 7 g KH

- 3 Schalotten
- 400 g rote Spitzpaprika
- 100 g Schafkäse
- 2 Stängel Thymian
- 3 EL Olivenöl
- 2 EL weißer Balsamessig
- Salz, Pfeffer

1. Die Schalotten abziehen und vierteln. Die Paprikaschoten waschen, putzen und grob zerschneiden. Den Schafkäse abtropfen lassen. Den Thymian waschen, trocken schütteln und die Blättchen von den Stängeln zupfen.
2. Alle Zutaten in den Mixtopf geben, den Messbecher aufsetzen und 6 Sekunden/Stufe 5 zerkleinern. Je nach Wunsch können Sie den Aufstrich auch feiner, 10–12 Sekunden, zerkleinern.
3. Aufstrich mit Salz und Pfeffer abschmecken, in eine Schüssel füllen und servieren.

Grünkohl-Pesto

Für ca. 5 Portionen • Pro Portion (2 EL): 130 kcal, 4 g E, 12 g F, 1 g KH

300 g Grünkohl
80 g Walnusskerne
2 Knoblauchzehen
100 g Parmesan
100 ml Olivenöl
Salz, Pfeffer
Zitronensaft nach Belieben

1. Den Grünkohl gründlich waschen (in den krausen Blättern kann Erde sein), die harte Mittelrippe entfernen, die Blätter grob hacken und in den Varoma legen.
2. 1 l Wasser in den Mixtopf geben, den Varoma aufsetzen und Grünkohl 15 Minuten/Varoma/Rührstufe dämpfen.
3. In der Zwischenzeit die Walnusskerne in einer beschichteten Pfanne ohne Fett rösten, bis sie duften. Die Knoblauchzehen abziehen.
4. Den Varoma abnehmen und den Grünkohl gut abtropfen lassen. Mixtopf ausleeren und abtrocknen.
5. Den Parmesan in den Mixtopf geben und 6 Sekunden/Stufe 10 reiben.
6. Alle übrigen Zutaten dazugeben, Messbecher aufsetzen und alles in 15–20 Sekunden/Stufe 6 zu einer glatten Paste verrühren. Mit Salz, Pfeffer und eventuell Zitronensaft abschmecken, in Schraubgläser füllen und 2 Tage im Kühlschrank durchziehen lassen.

TIPP: **Pesto passt klassisch zu Pasta, die aber gar nicht Low-Carb ist. Im Handel sind verschiedene Alternativen zum Beispiel aus Linsen- oder Sojamehl erhältlich, die deutlich weniger Kohlenhydrate aufweisen.**
Als gänzlich kohlenhydratfrei werden die Shirataki-Nudeln angepriesen, die aus dem Mehl der Konjakwurzel hergestellt werden, weißlich durchscheinend sind und nur mit heißem Wasser übergossen werden. Ob sie Ihnen schmecken, müssen Sie selbst herausfinden.

Avocadocreme mit Rucola

Für 10 Portionen • Pro Portion (2 EL): 109 kcal, 5 g E, 9 g F, 2 g KH

30 g ganze, geschälte Mandeln
40 g Parmesan
1 Avocado
25 g Rucola
200 g fettarmer Frischkäse
2 EL Olivenöl
Salz, Pfeffer
Zitronensaft

1. Nach Belieben die Mandeln in einer beschichteten Pfanne ohne Fett goldgelb rösten. Mit dem Parmesan in den Mixtopf geben, Messbecher aufsetzen und 10 Sekunden/Stufe 8 zerkleinern.
2. Die Avocado halbieren, Kern entfernen und Fruchtfleisch mit einem Löffel aus der Schale heben. Den Kern aufbewahren. Den Rucola waschen, trocken schütteln und grob hacken.
3. Avocado, Rucola, Frischkäse und Olivenöl in den Mixtopf geben und alles zusammen 15 Sekunden/Stufe 5 zu einer feinen Creme verarbeiten. Mit Salz, Pfeffer und Zitronensaft pikant abschmecken.
4. Paste in eine Schüssel umfüllen und gleich auf dem Frühstücksbrot genießen (zum Beispiel Vollkorn-Roggenbrot mit Buttermilch auf Seite 60) oder mit dem Kern in ein Schraubglas füllen (der Kern verhindert, dass sich die Avocadocreme verfärbt) und 1–2 Tage im Kühlschrank aufbewahren.

TIPP: **Gut passen zu dieser Creme auch Chiasamen. Einfach zusammen mit den Mandeln verarbeiten.**
Oder mal ganz raffiniert: Ziehen Sie Chiasprossen. Eine Schale mit feuchter Watte auskleiden, Chiasamen daraufstreuen und das Ganze einige Tage feucht halten. Nach 5 Tagen kann geerntet werden.

Sellerie-Apfel-Aufstrich

Für 10 Portionen • Pro Portion (2 EL): 37 kcal, 3 g E, 1 g F, 4 g KH

200 g Staudensellerie
1 grüner Apfel (z. B. Granny Smith)
1 EL Zitronensaft
200 g Frischkäse (10 % Fett i. Tr.)
1 TL Currypulver
Salz, Pfeffer

1. Die Selleriestängel waschen, putzen und grob zerschneiden. Den Apfel waschen, vierteln, das Kerngehäuse entfernen und das Fruchtfleisch mit dem Zitronensaft beträufeln.
2. Alle Zutaten in den Mixtopf geben und 8 Sekunden/Stufe 5 zerkleinern. Anschließend die Paste mit Salz und Pfeffer und eventuell noch etwas Zitronensaft abschmecken.
3. Aufstrich gleich genießen oder in ein gut verschließbares Schraubglas füllen und 1–2 Tage im Kühlschrank aufbewahren.

TIPP 1: **Für eine Vorspeise können Sie den Aufstrich auch auf 4 Teller verteilen und nach Belieben mit Walnusshälften und Weintrauben dekoriert servieren.**

TIPP 2: **Diesen und auch andere Aufstriche können Sie wunderbar als Füllung für pikante Pfannkuchen (Seite 181) verwenden.**

Ohne Zucker zum Fleisch

Gegrilltes und Gebratenes ist garantiert Low-Carb. Und Saucen dazu gibt es jede Menge im Supermarkt. Doch halt! Auch in der schärfsten Chili-Feuer-Sauce versteckt sich Zucker! Denn der konserviert einerseits, andererseits wirkt er aber auch als Geschmacksverstärker.

Wir haben den Zucker aus den Saucen verbannt und würzen dafür kräftig mit frischen Kräutern.

Übrigens: Die Saucen schmecken als vegetarische Variante auch lecker zu gedämpftem oder gebratenem Gemüse!

Rotes Zwiebel-Confit

Für ca. 750 ml • Pro Portion (2 EL): 18 kcal, 0 g E, 0 g F, 1 g KH

500 g rote Zwiebeln
4 Stängel Thymian
50 g Butter
50 g Zuckerersatz
50 ml Gemüse- oder Fleischbrühe
50 ml Rotweinessig

1. Die Zwiebeln schälen und vierteln. Thymian waschen, trocken schütteln und die Blättchen gegen die Wuchsrichtung von den Stängeln streifen.
2. Die Butter 1 Minute/90 °C/Stufe 1 im Mixtopf schmelzen lassen. Die Zwiebeln dazugeben und 5 Sekunden/Stufe 3 zerkleinern, mit dem Spatel nach unten schieben und dann 5 Minuten/100 °C/Stufe 1 andünsten.
3. Thymian, Zuckerersatz, Gemüsebrühe und Rotweinessig in den Mixtopf geben, 6 Minuten/100 °C/Rührstufe aufkochen lassen und anschließend offen 30–40 Minuten/90 °C/Rührstufe/linksdrehend langsam schmoren lassen.
4. Confit in heiß ausgespülte Gläser mit Schraubdeckel füllen und umgedreht abkühlen lassen.

TIPP: **Sie können Brühe und Rotweinessig auch durch Portwein ersetzen – das ist dann aber nicht mehr ganz Low-Carb: 100 ml enthalten 12 g KH.**

Tomaten-Ketchup Low-Carb

Für ca. 1 Liter • Pro Portion (2 EL): 18 kcal, 0 g E, 0 g F, 2 KH

2 Lorbeerblätter
3 Gewürznelken
3 cm Zimtstange oder 5 Zimtblüten
3 Salbeiblätter
je 1 EL Rosmarinnadeln und Thymianblättchen
2 rote Zwiebeln
3 Knoblauchzehen
1 Stück Ingwer (walnussgroß)
1 Peperonischote
2 EL Olivenöl
1 kg aromatische, reife Tomaten (z. B. Roma)
1 rote Spitzpaprika
50 ml Balsamessig
½ Tube Tomatenmark
1 Pck. Zitronensäure
30 g Zuckerersatz
Salz, Pfeffer

1. Lorbeerblätter, Gewürznelken, Zimt, Salbei, Rosmarin und Thymian in den Mixtopf geben, Messbecher aufsetzen und 10 Sekunden/Stufe 10 zerkleinern.
2. Die Zwiebeln abziehen und vierteln. Knoblauchzehen und Ingwer schälen. Ingwer vierteln. Die Peperonischote waschen, längs aufschlitzen, die Kerne entfernen und das Fruchtfleisch grob zerschneiden. Vorbereitete Zutaten in den Mixtopf geben, das Öl dazugießen, Messbecher aufsetzen und 6 Sekunden/Stufe 5 zerkleinern. Anschließend 3 Minuten/120 °C/Stufe 1,5 andünsten.
3. In der Zwischenzeit die Tomaten waschen, halbieren und die Stielansätze herausschneiden. Spitzpaprika waschen, Kerngehäuse und Kerne entfernen und Paprika grob zerschneiden.

4. Erst die Paprikastücke, dann die Tomaten in den Mixtopf geben, Messbecher aufsetzen und 15 Sekunden/Stufe 4 mithilfe des Spatels zerkleinern. (Vorsicht, das kann spritzen!)
5. Den Essig dazugeben und alles mit dem Garkörbchen als Spritzschutz 40 Minuten/100 °C/Stufe 1 kochen lassen. Anschließend 40 Sekunden/Stufe 5–8 ansteigend pürieren.
6. In der Zwischenzeit 4 ¼-l- oder 2 ½-l-Fläschchen heiß ausspülen und umgedreht abtropfen lassen.
7. Tomatenmark, Zitronensäure und Zuckerersatz zum Tomatenpüree geben und zugedeckt 10 Sekunden/Stufe 3 unterrühren. Ketchup mit Salz und Pfeffer abschmecken.
8. Gleich mithilfe eines Trichters in die Fläschchen füllen, verschließen und auf den Kopf stellen.

TIPP 1: **Statt mit Kräutern kann man den Ketchup auch mit 2 EL Curry oder einer indischen Gewürzmischung zubereiten.**

TIPP 2: **Praktische ¼- oder ½-l-Flaschen bekommen Sie in der Haushaltsabteilung im Kaufhaus. Sie können aber auch Glasfläschchen mit Schraubdeckel von Smoothies oder Sahne aus Supermärkten sammeln.**

Apfel-Pflaumen-Chutney

Für ca. 750 ml • Pro Portion (2 EL): 20 kcal, 0 g E, 0 g F, 4 g KH

1 EL Szechuan-Pfeffer
je 1 TL schwarze Pfefferkörner und Senfkörner
1 Bio-Limette
½ kg säuerliche Äpfel (z. B. Boskop, Granny Smith oder Topaz)
½ kg Pflaumen oder Zwetschgen
75 g Zuckerersatz
1 TL Salz
100 ml naturtrüber Apfelsaft

1. Pfeffer- und Senfkörner in den Mixtopf geben, den Messbecher aufsetzen und 20 Sekunden/Stufe 10 mahlen.
2. Die Limette heiß waschen, die Schale abraspeln und den Saft auspressen.
3. Die Äpfel waschen, vierteln und die Kerngehäuse herausschneiden. Die Pflaumen waschen, halbieren und entsteinen.
4. Alle Zutaten in den Mixtopf zu den Gewürzen geben und offen 25 Minuten/100 °C/Stufe 1 kochen. Das Garkörbchen als Spritzschutz aufsetzen.
5. 3 Gläser mit Schraubverschluss à 250 ml heiß ausspülen.
6. Das Chutney 25 Sekunden (fein) oder 10 Sekunden (gröber)/Stufe 6 pürieren und gleich in die vorbereiteten Gläser füllen. Verschließen und kopfüber auskühlen lassen.

INFO: **Szechuan-Pfeffer ist nur ganz dezent pfeffrig. Er stammt aus der chinesischen Provinz Sichuan und ist mit Zitrusgewächsen verwandt. Sein Aroma geht eher in Richtung Blüten, Zitrone und Menthol. Wenn Sie ihn frisch mahlen, kommt das Aroma am besten zur Geltung.**

Zitronenchutney

Für ca. 750 ml • Pro Portion (2 EL): 17 kcal, 0 g E, 0 g F, 2 g KH

2 weiße Zwiebeln
4 Stängel Zitronengras
1 TL Korianderkörner
je ½ TL Cayennepfeffer und gemahlener Kardamom
1 EL Kurkuma
250 ml weißer Essig
4 Bio-Zitronen
1 säuerlicher Apfel (z. B. Granny Smith, Boskop oder Topaz)
Salz
eventuell 1 Pck. Gelfix (25 g)

1. Die Zwiebeln abziehen und vierteln. Vom Zitronengras die äußeren Blätter entfernen und das weiße, weiche Innere klein schneiden.
2. Zwiebeln und Zitronengras in den Mixtopf geben, Messbecher aufsetzen und 5 Sekunden/Stufe 5 zerkleinern. Mit dem Spatel nach unten schieben und den Vorgang wiederholen.
3. Die Gewürze und den Essig dazugeben und das Gemüse 20 Minuten/100 °C/Stufe 1 weich kochen.
4. In der Zwischenzeit die Zitronen heiß waschen, die Schale abraspeln, das Fruchtfleisch grob zerschneiden und die Kerne entfernen. Den Apfel schälen, das Kerngehäuse herausschneiden, die Frucht grob zerschneiden und mit den Zitronen vermischen.
5. Zitronenschale, Zitronen- und Apfelstücke in den Mixtopf geben und 1,5 Stunden/90 °C/Rührstufe leicht köcheln lassen.
6. Chutney mit Salz abschmecken. Nach Belieben das Ganze feiner pürieren. Je nach Saftigkeit der Zitronen kann es nötig sein, für die richtige Konsistenz mit Gelfix oder einem anderen Geliermittel etwas nachzuhelfen.
7. In heiß ausgespülte Gläser mit Schraubdeckel füllen und umgedreht abkühlen lassen.

TIPP: Sie können zusätzlich auch Basilikum, Thai-Basilikum oder Thymian – alles fein gehackt – unter das Chutney mischen. Oder – wenn Sie es gerne scharf mögen – gleich in Schritt 2 eine entkernte rote Peperonischote mitverarbeiten.

Haferflocken, ade!

Das Bircher-Müsli ist wohl der Urahn aller Müslis. Bestehend aus 1 EL Haferflocken, 3 EL Wasser, 1–2 geriebenen Äpfeln, dem Saft ½ Zitrone, 1 EL Kondensmilch und 1 EL gemahlenen Nüssen war das eine recht gesunde Sache. Mittlerweile sind die Müslis jedoch so aufgepeppt, dass sie locker auf 500 und mehr kcal pro Portion kommen. Das ist nicht nur größeren Mengen Haferflocken geschuldet, sondern – bei Fertigprodukten – leider auch jeder Menge Zucker. Am besten machen Sie Ihr Müsli selbst, fügen frische oder getrocknete Beeren hinzu und verzichten auf Haferflocken. Dafür kommen viele gesunde Nüsse ins Spiel und auch mal Quinoa.

Nuss-Müsli

Für 25 Portionen • Pro Portion (2 EL): 98 kcal, 3 g E, 8 g F, 4 g KH

100 g Mandeln
100 g Walnusskerne
50 g Macadamia-Nüsse
50 g Chiasamen
50 g Sonnenblumenkerne
50 g Pseudo-Getreideflocken (z. B. Amaranth, Hirse oder Quinoa)
50 g Rosinen oder andere Trockenfrüchte

1. Die Mandeln und Nüsse in den Mixtopf geben und 4 Sekunden/Stufe 6 zerkleinern. Die restlichen Zutaten dazugeben und 5 Sekunden/Stufe 3 vermischen.
2. Die Mischung in einem gut verschließbaren Schraubglas aufbewahren und bei Bedarf 2 EL pro Portion entnehmen, mit Milch, Buttermilch oder Joghurt vermischen und frische Beeren dazu reichen.

VARIANTE: **Länger haltbar und aromatischer wird Ihre Müsli-Mischung, wenn Sie die fertig gemischten Zutaten auf einem Backblech verteilen und bei 160 °C (Umluft 140 °C) in ca. 20 Minuten goldgelb rösten. Öfter wenden!**

Crunchy Müsli

Für 15 Portionen • Pro Portion (2 EL): 112 kcal, 4 g E, 10 g F, 2 g KH

50 g ganze, ungeschälte Mandeln
50 g Walnusskerne
50 g Sonnenblumen- oder Kürbiskerne
100 g Kokosraspel
15 g Eiweißpulver (mit Geschmack nach Belieben)
15 g Kakaopulver
2 Eiweiße

1. Den Backofen auf 120 °C (Umluft 100 °C) vorheizen.
2. Mandeln, Walnusskerne und Sonnenblumenkerne in den Mixtopf geben, Messbecher aufsetzen und 3 Sekunden/Stufe 6 zerkleinern.
3. Kokosraspel, Eiweißpulver, Kakaopulver und Eiweiße dazugeben und alles in 15 Sekunden/Stufe 2,5 zu einer krümeligen Masse rühren.
4. Ein Backblech mit Backpapier auslegen und die Nuss-Eiweiß-Masse mit einer Teigkarte darauf verstreichen. 1 Stunde im vorgeheizten Backofen trocknen lassen, dabei alle 15 Minuten durchmischen.
5. Müsli gut auskühlen lassen und in einem verschließbaren Glas oder einer Box aufbewahren.

TIPP: **Wenn Sie nicht ganz streng mit Ihren Kohlenhydraten sind, machen sich auch getrocknete Cranberrys oder eine paar Korinthen gut im Crunchy Müsli.**

Müsli-Muffins

Für 12 Muffins • Pro Stück: 39 kcal, 2 g E, 2 g F, 3 g KH

50 g Nuss-Müsli (Rezept Seite 49)
125 g Quark (20 % Fett)
1 Eiweiß
½ TL Backpulver
1 gestrichener TL Zimt
30 g Gojibeeren
etwas Fett für die Form

1. Backofen auf 180 °C (Umluft 160 °C) vorheizen.
2. Alle Zutaten in den Mixtopf geben und 10 Sekunden/Stufe 3 linksdrehend vermischen. Teig in eine leicht gefettete Muffin-Backform oder Muffin-Förmchen füllen.
3. Muffins 25 Minuten im Ofen backen, bis sie schön goldgelb und knusprig sind.

INFO: **Gojibeeren – die Chinesen nennen sie Glücksbeeren – sind als Superfood in aller Munde. Sie enthalten fast alle wichtigen Vital- und Nährstoffe. Trotzdem nicht gleich paketweise essen, denn Zucker ist auch drin. Ohne die Beeren hätten die Muffins nur noch 1 g KH/Stück.**

Müsliriegel

Für 20 Stück • Pro Stück: 220 kcal, 7 g E, 19 g F, 5 g KH

150 g Mandeln
100 g Walnüsse
100 g Haselnüsse
150 g Kürbiskerne
50 g Sonnenblumenkerne
25 g Kokosöl
½ Bio-Orange
80 g Cranberrys oder Gojibeeren
50 g Kokosraspel
50 g Chiasamen
1 EL Zimt
100 g Zuckerersatz

1. Backofen auf 180 °C (Umluft 160 °C) vorheizen.
2. Mandeln, Nüsse und Kerne in den Mixtopf geben, den Messbecher aufsetzen und 15–25 Sekunden/Stufe 6 mahlen. Nach 15 Sekunden den Mahlgrad kontrollieren – es sollen noch einige Stücke zu sehen sein. In eine Schüssel umfüllen.
3. Das Kokosöl in den Mixtopf geben und 30 Sekunden/80 °C/Stufe 1 schmelzen. Die Orange waschen, von der halben Frucht die Schale abraspeln und den Saft auspressen. Schale und Saft mit den übrigen Zutaten in den Mixtopf geben, die Nüsse wieder dazugeben und alles 20 Sekunden/Stufe 4 linksdrehend (Messbecher!) gut vermischen.
4. Ein Backblech mit Backpapier auslegen und die Masse darauf verstreichen. 20 Minuten im vorgeheizten Backofen backen. Auskühlen lassen und in den Kühlschrank stellen, damit die Masse ganz fest wird.
5. Masse in Riegel schneiden und diese einzeln in Backpapier, Butterbrotpapier oder Klarsichtfolie verpacken und im Kühlschrank aufbewahren.

Quinoa-Müsli

Für 15 Portionen • Pro Portion (2 EL): 132 kcal, 6 g E, 9 g F, 5 g KH

50 g Leinsamen
100 g Mandeln
50 g Cashewkerne
100 g rote Quinoa
300 ml Wasser
Salz
40 g Sesamsaat
30 g Kokosöl
30 g Eiweißpulver
1 TL Vanilleextrakt
1 TL Zimt

1. Leinsamen in den Mixtopf geben und 30 Sekunden/Stufe 10 schroten. In eine Schüssel umfüllen und beiseitestellen.
2. Mandeln und Cashewkerne in den Mixtopf geben und 8 Sekunden/Stufe 6 hacken. Zu den Leinsamen geben.
3. Quinoa in einem feinen Sieb heiß abbrausen. In den Mixtopf füllen, Wasser mit Salz dazugeben und Quinoa in 6 Minuten/100 °C/Stufe 0,5 aufkochen lassen. In 10–12 Minuten zu einem lockeren Brei quellen lassen.
4. Den Backofen auf 170 °C (Umluft 150 °C) vorheizen.
5. Die übrigen Zutaten zur Quinoa in den Mixtopf geben und 20 Sekunden/Stufe 3 linksdrehend gut vermischen.
6. Ein Backblech mit Backpapier auslegen und die Masse darauf verstreichen. 40–50 Minuten im Ofen backen, bis die Masse trocken und knusprig ist. Abkühlen lassen, zu Flakes zerkrümeln und in ein luftdicht verschließbares Glas füllen.

INFO: **Quinoa, ein Pseudogetreide, ist besonders eiweißhaltig mit relativ wenig Kalorien und Kohlenhydraten und ohne Gluten. Es ist in Rot, Weiß und Schwarz (auch mal bunt gemischt) erhältlich. Die perlweißen Körner sind eher mild, die roten nussig und kerniger, die schwarzen intensiv im Geschmack und recht bissfest.**

Brot? Nein danke?

Brot und Brötchen sind ein großes Thema in der Low-Carb-Ernährung. Oder eher ein No-Go-Thema. Das ist schade, denn unsere Bäckereien backen leckere Vollkornbrote, deren Geschmack wir von Kindheit an kennen und lieben. Natürlich sollte man den Genuss dieser Brote besonders abends einschränken, um Kohlenhydrate zu vermeiden, aber man muss sicher nicht gänzlich darauf verzichten. Zwar bringt eine Scheibe Roggenvollkornbrot von 70 g bereits 25 g Kohlenhydrate (bei 119 kcal, 3 g E und 1 g F). Wenn Sie die aber morgens essen, wenn Sie die Kohlenhydrate am besten vertragen und verarbeiten können, haben Sie für den restlichen Tag immer noch 75 g Kohlenhydrate zur Verfügung.
Trotzdem haben wir – dem Trend zum Eiweißbrot und Guten-Abend-Brot folgend – eine Menge Brote, Brötchen und sogar Knäckebrot gebacken, bei denen der Getreideanteil durch Nüsse, Leinsamen, Kleie, Gemüse und Eier ersetzt wird. Alles auch lecker – versprochen!

Zucchinibrot

Für 12 Scheiben • Pro Scheibe: 134 kcal, 7 g E, 11 g F, 1 g KH

250 g Zucchini
Salz
100 g Gouda
4 Stängel glatte Petersilie
3 Eier, Größe M
150 g gemahlene Mandeln
1 ½ TL Weinsteinbackpulver
etwas Fett für die Form

1. Die Zucchini waschen, putzen, grob in Stücke schneiden und in den Mixtopf geben. Den Messbecher aufsetzen und 3 Sekunden/Stufe 4 raspeln. In eine Schüssel umfüllen, kräftig salzen und 10 Minuten stehen lassen.
2. Den Backofen auf 180 °C (Umluft 160 °C) vorheizen.
3. Den Gouda grob zerschneiden, in den Mixtopf geben und 8 Sekunden/Stufe 8 reiben. Die Petersilie waschen, trocken schütteln, die Blättchen von den Stängeln zupfen und in den Mixtopf geben. Die Zucchini gut ausdrücken und ebenfalls dazugeben.
4. Eier, gemahlene Mandeln und Backpulver in den Mixtopf geben und alles in 10 Sekunden/Stufe 4 zu einem glatten Teig rühren.
5. Eine Kastenform (ca. 25 cm Länge) einfetten, den Teig hineinfüllen, darin verstreichen und 35–40 Minuten im vorgeheizten Backofen goldgelb backen. Nach 30 Minuten mit einem Holzstäbchen die Garprobe machen: Wenn kein Teig mehr daran kleben bleibt, ist das Brot fertig.
6. Brot in der Form lauwarm oder ganz auskühlen lassen und dann stürzen.

TIPP: **Das Zucchinibrot schmeckt wunderbar ganz frisch lauwarm zum Beispiel zu einem Salat oder komplett ausgekühlt mit Wurst oder Käse belegt. Sie können es auch gut zum Lunch mitnehmen. Wegen der enthaltenen Eier sollten Sie es im Kühlschrank aufbewahren.**

Oopsies für Burger

Für 8 Stück • Pro Stück: 60 kcal, 5 g E, 4 g F, 1 g KH

3 Eier, Größe M
Salz
120 g fettarmer Frischkäse
Pfeffer
20 g Gold-Leinsamen, Sesamsaat oder Kreuzkümmel

1. Den Backofen auf 180 °C (Umluft 160 °C) vorheizen.
2. Die Eier trennen. Eiweiße mit 1 Prise Salz in den sauberen und trockenen Mixtopf geben. Den Rühraufsatz einsetzen und die Eiweiße in 4 Minuten/Stufe 4 zu einem steifen Schnee schlagen. In eine Schüssel umfüllen. Rühraufsatz entfernen, Mixtopf nicht spülen.
3. Eigelbe und Frischkäse mit etwas Pfeffer in den Mixtopf geben und 6 Sekunden/Stufe 4 gut verrühren. Zum Eischnee geben und vorsichtig unterheben.
4. Ein Backblech mit Backpapier auslegen und 8 Teigportionen daraufsetzen und etwas flach drücken. Oopsies nach Belieben mit Leinsamen, anderen Saaten oder Körnern bestreuen und 20 Minuten im Ofen goldgelb backen.

TIPP: **Oopsies sind total in und werden als Alternative zu den üblichen Brötchen oder Bagels verwendet. Sie können Patties (flache Fleischklöße) oder Aufstriche und Belag nach Belieben dazwischen klemmen.**

Chiabrot mit Haselnüssen

Für 20 Scheiben • Pro Scheibe: 94 kcal, 6 g E, 7 g F, 1 g KH

100 g Leinsamen
130 g ganze, geschälte Haselnusskerne
20 g Chiasamen
20 g Sonnenblumenkerne
5 Eier
300 g Quark (20 % Fett)
1 TL Salz
1 Pck. Backpulver
etwas Fett für die Form

1. Den Backofen auf 180 °C (Umluft 160 °C) vorheizen.
2. Leinsamen und 80 g Haselnüsse in den Mixtopf geben, Messbecher aufsetzen und 15 Sekunden/Stufe 8 zerkleinern.
3. Alle restlichen Zutaten dazugeben und 20 Sekunden/Stufe 4 zu einem Teig verrühren.
4. Eine Kastenform (ca. 25 cm Länge) dünn einfetten, den Teig hineingeben und im vorgeheizten Backofen 55–60 Minuten backen. Gegen Ende der Backzeit eventuell mit Alufolie abdecken.
5. Brot in der Form abkühlen lassen, dann stürzen und möglichst frisch genießen. Im Kühlschrank hält es sich 2–3 Tage.

Quark-Eier-Brot mit Mandeln

Für ca. 20 Scheiben • Pro Scheibe: 48 kcal, 4 g E, 3 g F, 1 g KH

60 g ganze, ungeschälte Mandeln
50 g Leinsamen
15 g Weizenkleie
150 g Quark (20 % Fett)
4 Eier, Größe M
½ Pck. Weinstein-Backpulver
½TL Salz
etwas Fett für die Form

1. Den Backofen auf 160 °C (Umluft 140 °C) vorheizen.
2. Mandeln und Leinsamen in den Mixtopf geben, Messbecher aufsetzen und 10 Sekunden/Stufe 8 zerkleinern.
3. Weizenkleie, Quark, Eier, Backpulver und Salz dazugeben und in 20 Sekunden/Stufe 4 zu einem recht flüssigen Teig verrühren.
4. Eine Kastenform (ca. 25 cm Länge) dünn einfetten, den Teig hineingeben und im Backofen 45–50 Minuten backen, bis an der Oberfläche eine goldgelbe Kruste entstanden ist.
5. Brot vollständig auskühlen lassen und dann aus der Form lösen.

TIPP: **Quark-Eier-Brot am besten im Kühlschrank aufbewahren und innerhalb von 3 Tagen verbrauchen.**

INFO: **Kleie sind die Reste der Getreideverarbeitung. Sie bleibt übrig, wenn das Mehl abgesiebt ist, wodurch kaum noch Kohlenhydrate enthalten sind. Sie besteht etwa zur Hälfte aus Ballaststoffen und punktet mit viel Eiweiß. Als Zutat beim Backen ist sie nützlich, weil sie schnell aufquillt und den Teig luftiger macht.**

Haferflocken-Brötchen

Für 16 Stück (à 60 g) • Pro Stück: 157 kcal, 9 g E, 7 g F, 13 g KH

150 g Getreidekörner (zum Beispiel Roggen, Dinkel oder Mischungen)
150 g ganze, ungeschälte Mandeln
500 ml Kefir
1 EL Gerstenmalz
1 Würfel frische Hefe
200 g kernige Haferflocken
15 g Haferkleie
50 g Sonnenblumenkerne
150 g Mandelmehl
15 g Eiweißpulver
1 TL Salz
Haferflocken zum Bestreuen nach Belieben

1. Die Getreidekörner in den Mixtopf geben, Messbecher aufsetzen, 40 Sekunden/Stufe 10 schroten und in eine Schüssel umfüllen. Mandeln in den Mixtopf geben, 5 Sekunden/Stufe 8 zerkleinern und ebenfalls in die Schüssel umfüllen.
2. Kefir, Gerstenmalz und zerbröckelte Hefe in den Mixtopf geben und 2 Minuten/65 °C/Stufe 1 verrühren, bis die Hefe aufgelöst ist.
3. Alle Zutaten in den Mixtopf geben und in 5 Minuten/Knetstufe zu einem lockeren Teig verarbeiten. An einem warmen Ort zugedeckt 45 Minuten gehen lassen.
4. Den Backofen auf 200 °C (Umluft 180 °C) vorheizen.
5. Ein Backblech mit Backpapier auslegen. Den Teig in eine Schüssel umfüllen, mit feuchten Händen 16 Brötchen formen und diese auf das Backblech legen. Mit Wasser bestreichen und nach Belieben mit Haferflocken bestreuen und diese leicht andrücken.
6. Brötchen zugedeckt nochmals 15 Minuten gehen lassen. Eine ofenfeste Schüssel mit Wasser in den Backofen stellen und die Brötchen 30–35 Minuten im Ofen goldbraun backen.

Vollkorn-Roggenbrot mit Buttermilch

Für 20 Scheiben • Pro Scheibe: 90 kcal, 8 g E, 3 g F, 8 g KH

150 g Roggenkörner
350 ml Buttermilch
30 g Gerstenmalz
1 Würfel frische Hefe
100 g Mandelmehl
40 g Eiweißpulver
25 g Sesamkörner
25 g Leinsamen
25 g Chiasamen
25 g Sonnenblumenkerne
2 TL Salz
2 EL Brotgewürz
etwas Öl für die Form

1. Den Backofen auf 160 °C (Umluft 140 °C) vorheizen.
2. Roggenkörner in den Mixtopf geben, Messbecher aufsetzen und 30 Sekunden/Stufe 10 schroten. In eine Schüssel umfüllen.
3. Buttermilch und Gerstenmalz in den Mixtopf geben, die Hefe dazubröseln und alles 5 Minuten/37 °C/Stufe 1 verrühren und erwärmen.
4. Alle restlichen Zutaten (auch den Roggen) dazugeben und 3 Minuten/Knetstufe zu einem weichen Teig verkneten.
5. Ein Stück Backpapier mit Öl einpinseln und eine Kastenform (ca. 16–18 cm Länge) damit auskleiden. Den Teig einfüllen und 30 Minuten zugedeckt an einem warmen Ort gehen lassen, bis sich das Volumen etwa verdoppelt hat und die Form ausgefüllt ist.
6. Teigoberfläche mit Wasser bestreichen, mit Alufolie abdecken und Brot 2 Stunden im Backofen backen, anschließend ½ Stunde ohne Alufolie weiterbacken, damit oben eine Kruste entsteht.
7. Brot aus dem Ofen nehmen und vollständig auskühlen lassen. Aus der Form heben und das Backpapier entfernen.

TIPP 1: Ohne Gerstenmalz sparen Sie pro Scheibe 1 g Kohlenhydrate ein. Es ist nicht zwingend notwendig im Brot, gibt aber ein leichtes Karamellaroma und färbt das Brot schön dunkel. Sie bekommen Gerstenmalz in Bioläden und Reformhäusern. Ersatzweise können Sie auch Ahornsirup verwenden.

TIPP 2: Brotgewürzmischungen erhalten Sie im gut sortierten Supermarkt oder im Internet. Selbst gemacht kann man Brotgewürz nach Lust und Laune variieren: Koriander, Kümmel, Fenchelsamen, Nelken, Anis, getrocknete Kräuter ... Das kann alles gleich mit dem Roggen in den Mixtopf.

TIPP 3: Mittlerweile gibt es gute und preiswerte Mehle, die Sie an Stelle von Mandelmehl und Eiweißpulver verwenden können: Protein-Kürbismehl, Protein-Erdnussmehl, Protein-Sesammehl und Protein-Walnussmehl. Alles im Biomarkt erhältlich.

Möhren-Nuss-Brot

Für 20 Scheiben • Pro Scheibe: 103 kcal, 4 g E, 4 g F, 14 g KH

400 g Dinkelkörner
1 Pck. Trockenhefe
2 TL Salz
200 ml lauwarmes Wasser
175 ml Buttermilch
250 g Möhren
100 g Walnusskerne
etwas Mehl für die Arbeitsfläche
etwas Fett für die Form

1. Dinkelkörner in den Mixtopf geben und 60 Sekunden/Stufe 10 schroten. Trockenhefe, Salz, Wasser und Buttermilch dazugeben und 2 Minuten/Knetstufe zu einem Teig verarbeiten. In eine Schüssel umfüllen und an einem warmen Ort zugedeckt 2 Stunden gehen lassen.
2. Die Möhren putzen, schälen und grob in Stücke schneiden. Mit den Walnüssen in den Mixtopf geben und 8 Sekunden/Stufe 5 zerkleinern.
3. Den Teig auf die bemehlte Arbeitsfläche geben und Möhren und Nüsse einarbeiten. Eine Kastenform (ca. 25 cm Länge) mit gefettetem Backpapier auskleiden, den Teig hineingeben und weitere 45 Minuten zugedeckt gehen lassen.
4. Backofen auf 220 °C (Umluft 200 °C) vorheizen.
5. Eine feuerfeste Schale mit Wasser in den Backofen stellen. Das Brot in den Backofen geben und 45–50 Minuten auf der unteren Schiene backen. Das Brot ist fertig, wenn es sich beim Daraufklopfen hohl anhört.
6. Brot in der Form auskühlen lassen.

TIPP 1: Vegan wird das Brot, wenn Sie statt der Buttermilch einfach Sojamilch verwenden.

TIPP 2: Kastenformen aus Metall oder Emaille sollten beim Brotbacken mit gefettetem Backpapier ausgekleidet werden. Das Brot klebt und lässt sich sonst nur schwer aus der Form lösen. Besser sind Formen aus weichem Kunststoff – da klebt nichts und das Brot flutscht einfach heraus.

Leinsamenbrot mit Sonnenblumenkernen

Für 15 Scheiben • Pro Scheibe: 114 kcal, 11 g E, 6 g F, 3 g KH

75 g Goldleinsamen
100 g Sonnenblumenkerne
3 Eier, Größe M
250 g Quark (20 % Fett)
100 ml Joghurt
½ Pck. Backpulver
1 TL Salz
75 g Eiweißpulver
75 g Weizenkleie

1. Leinsamen in den Mixtopf geben und 12 Sekunden/Stufe 10 schroten. 75 g Sonnenblumenkerne dazugeben und weitere 5 Sekunden/Stufe 8 schroten.
2. Alle übrigen Zutaten (außer den restlichen Sonnenblumenkernen) dazugeben und 3 Minuten/Knetstufe zu einem Teig verarbeiten.
3. Den Backofen auf 180 °C (Umluft 160 °C) vorheizen.
4. Den Teig auf Backpapier geben und mit feuchten Händen einen Laib formen. Die restlichen Sonnenblumenkerne darauf verteilen und leicht andrücken. Den Teig 10 Minuten quellen lassen und dann mit dem Backpapier auf den Backrost ziehen.
5. Brot im vorgeheizten Backofen 45 Minuten auf der mittleren Schiene goldbraun backen und dann auskühlen lassen.

INFO: **Eiweißpulver gibt es in verschiedenen Zusammensetzungen. In erster Linie wird es von Sportlern zum Muskelaufbau verwendet. Zum Backen und um den Eiweißgehalt im Brot zu erhöhen, sind am besten Pulver aus Casein, Sojaprotein oder sogenanntes Mehrkomponentenprotein (MKP) geeignet. Diese wirken ein wenig wie Kleber und lassen den Teig fester werden.**

TIPP: In diesem Eiweißbrot machen sich allerlei Zutaten gut – Gewürze, getrocknete Tomaten, Nüsse, Kerne, frische oder getrocknete Kräuter.

Käse-Scones

Für 12 Stück • Pro Stück: 166 kcal, 6 g E, 15 g F, 1 g KH

3 Stängel krause Petersilie
100 g Cheddar
2 Eier, Größe M
100 g Butter
1 TL Salz
100 g gemahlene Mandeln
30 g Mandelmehl
½ Pck. Backpulver
etwas Fett für die Form

1. Den Backofen auf 180 °C (Umluft 160 °C) vorheizen.
2. Die Petersilie waschen, trocken schütteln und die Blättchen abzupfen. Den Käse in Würfel schneiden.
3. Die Hälfte der Petersilie mit dem Käse in den Mixtopf geben, Messbecher aufsetzen und 8 Sekunden/Stufe 5 zerkleinern.
4. Die übrigen Zutaten (außer der restlichen Petersilie) in den Mixtopf geben und 20 Sekunden/Stufe 4 vermischen.
5. Ein Muffinblech (für 12 Stück) einfetten und in jede Vertiefung 1 EL der Teigmischung geben.
6. Muffins im vorgeheizten Backofen 20–25 Minuten goldgelb backen. Abkühlen lassen, erst dann aus den Formen nehmen und mit der restlichen Petersilie bestreuen.

TIPP: **Sie können die Scones auch mit Bergkäse oder altem Gouda zubereiten. Frisch schmecken sie am besten, sie halten sich aber auch 2–3 Tage im Kühlschrank.**

Kürbisbrot

Für 20 Scheiben • Pro Scheibe: 108 kcal, 10 g E, 3 g F, 9 g KH

250 g Hokkaido-Kürbis
75 g geröstete Kürbiskerne
500 g Quark (20 % Fett)
4 Eier, Größe M
100 g Haferkleie
100 g Eiweißpulver
100 g Maismehl
½ Pck. Backpulver
1 TL Salz
etwas Fett für die Form

1. Den Backofen auf 200 °C (Umluft 180 °C) vorheizen.
2. Die Kürbisschale sorgfältig reinigen – sie wird mit verwendet. Den Kürbis entkernen und grob in Stücke schneiden.
3. Kürbisstücke und 50 g Kürbiskerne in den Mixtopf geben, den Messbecher aufsetzen und 20 Sekunden/Stufe 6 zerkleinern. Mit dem Spatel nach unten schieben.
4. Die übrigen Zutaten (außer den restlichen Kürbiskernen) dazugeben und 10 Sekunden/Stufe 4 verrühren.
5. Eine Kastenform (ca. 25 cm Länge) dünn einfetten, den Teig hineinfüllen und mit den restlichen Kürbiskernen bestreuen.
6. Brot 50 Minuten im Backofen goldbraun backen, anschließend in der Form auskühlen lassen.

TIPP 1: **Wenn das Brot nicht schnell aufgegessen wird, sollten Sie es am besten im Kühlschrank aufbewahren (wegen der Eier) und vor dem Essen im Toaster auf kleiner Stufe rösten.**

TIPP 2: **Wenn Sie das Maismehl durch Mandel- oder Kokosmehl ersetzen, kommen Sie auf 107 kcal, 12 g E, 4 g F und 6 g KH pro Scheibe.**

Topinambur-Brötchen

Für 12 Stück • Pro Stück: 85 kcal, 8 g E, 4 g F, 4 g KH

300 g Topinamburen
300 ml fettarmer Joghurt
75 g Weizenkleie
100 g Mandelmehl
3 Eier, Größe M
1 Pck. Backpulver
1 TL Salz
1 TL Guarkernmehl oder Flohsamenschalen
etwas Fett für die Form
20 g Chiasamen

1. Die Topinamburen schälen, waschen und grob zerschneiden. In den Mixtopf geben, Messbecher aufsetzen und 5 Sekunden/Stufe 6 zerkleinern.
2. Die übrigen Zutaten (bis auf die Chiasamen) dazugeben und 15 Sekunden/Stufe 3 verrühren. 15 Minuten quellen lassen.
3. Den Backofen auf 180 °C (Umluft 160 °C) vorheizen.
4. Ein Muffinblech dünn einfetten und den Teig gleichmäßig darin verteilen und mit den Chiasamen bestreuen. Muffins 30–35 Minuten im Ofen goldgelb backen und dann auskühlen lassen.

INFO: **Die bizarren Topinambur-Knollen werden Ihnen in diesem Buch noch öfter begegnen. In manchen Ländern gelten sie als Delikatesse, bei uns hingegen wurden sie bislang hauptsächlich zur Schnapserzeugung verwendet. Damit ist Schluss, seit man darauf gekommen ist, wie gut Topinambur schmeckt und wie wenig verwertbare Kohlenhydrate darin enthalten sind. Den Beinamen »Diabetikerkartoffel« tragen die Knollen zu Recht. Das in ihnen vorkommende Kohlenhydrat Inulin wird nämlich im Dünndarm nicht aufgenommen und damit nicht in Glucose umgewandelt.**

Süße Weizenkleie-Brötchen

Für 6 Stück • Pro Stück: 158 kcal, 14 g E, 9 g F, 5 g KH

30 g Kokosöl
250 g Quark (20 % Fett)
70 g Mandelmehl
50 g Weizen- oder Haferkleie
3 Eier, Größe M
70 g Zuckerersatz
½ Pck. Backpulver
½ TL Guarkernmehl

1. Den Backofen auf 180 °C (Umluft 160 °C) vorheizen.
2. Das Kokosöl in den Mixtopf geben und 40 Sekunden/80 °C/Stufe 1 schmelzen.
3. Alle übrigen Zutaten in den Mixtopf geben und 20 Sekunden/Stufe 3 verrühren. Dann den Teig in eine Schüssel umfüllen.
4. Ein Backblech mit Backpapier auslegen und mit feuchten Händen 6 Brötchen (ca. 8 cm Durchmesser) aus dem Teig formen und auf das Blech legen. Im Backofen 35–40 Minuten goldbraun backen und vollständig auskühlen lassen.

TIPP: **Sie können dem Brötchenteig auch 30 g Körner nach Belieben zufügen oder sie damit bestreuen. Als Highlight käme auch mal Schokoladiges infrage: Es gibt zum Beispiel Schoko-Energy-Riegel in Bioläden oder Reformhäusern, die sehr wenig Kohlenhydrate enthalten. Diese einfach in kleine Würfel schneiden und in den Teig mischen.**

Leinsamen-Chia-Cracker

Für 24 Stück • Pro Stück: 121 kcal, 5 g E, 10 g F, 1 g KH

160 g Chiasamen
100 g Goldleinsamen
100 g Sesamsaat
100 g Sonnenblumenkerne
100 g Walnusskerne
2 TL Salz
450 ml Wasser
1 TL Paprikapulver, rosenscharf oder edelsüß

1. 120 g Chiasamen und die Leinsamen in den Mixtopf geben und 45 Sekunden/Stufe 10 schroten. Sesamsaat, Sonnenblumenkerne und Walnusskerne dazugeben und alles 15 Sekunden/Stufe 8 weiter zerkleinern.
2. Salz und Wasser, restliche Chiasamen und Paprikapulver dazugeben und 5 Sekunden/Stufe 3 untermischen. 8 Minuten quellen lassen.
3. Backofen auf 160 °C (Umluft 140 °C) vorheizen.
4. Mischung im Mixtopf nochmals 5 Sekunden/Stufe 2 verrühren – eventuell noch etwas Wasser zufügen, es soll ein streichfähiger Teig entstehen.
5. 2 Backbleche mit Backpapier auslegen und mithilfe runder Ausstechformen je Blech 12 etwa 8 cm große Kreise formen.
6. Cracker 30 Minuten im Ofen backen, dann umdrehen und 25–30 Minuten weiterbacken, bis sie Farbe angenommen haben.

TIPP 1: **Alternativ können Sie die Masse auf dem Backpapier glatt streichen, mithilfe eines zweiten Backblechs wenden und nach dem Backen in Stücke schneiden.**

TIPP 2: **Nach Belieben können auch frische oder getrocknete Kräuter unter den Teig gemischt werden.**

Tomaten-Knäckebrot

Für 20 Stück à ca. 6 x 10 cm • Pro Stück: 81 kcal, 4 g E, 7 g F, 1 g KH

150 g Tomaten
100 g Goldleinsamen
100 g Sonnenblumenkerne
100 g Sesamsaat
1 TL Salz
1 TL Guarkernmehl oder Flohsamenschalen
etwas Wasser nach Bedarf
etwas Mehl für die Arbeitsfläche

1. Den Backofen auf 170 °C (Umluft 150 °C) vorheizen. Die Tomaten waschen, vierteln und die Stielansätze entfernen.
2. 50 g Leinsamen in den Mixtopf geben, den Messbecher aufsetzen und 20 Sekunden/Stufe 10 schroten. Sonnenblumenkerne, Sesamsaat und Tomaten dazugeben und 5 Sekunden/Stufe 6 zerkleinern. Mit dem Spatel nach unten schieben.
3. Salz, Guarkernmehl und die restlichen Leinsamen in den Mixtopf geben und alles 10 Sekunden/Stufe 4 zu einem Teig rühren. (Bei Bedarf, wenn zum Beispiel die Tomaten wenig Flüssigkeit abgegeben haben, etwas Wasser unterrühren.)
4. Den Teig auf die bemehlte Arbeitsfläche geben und flach drücken. Mit dem Nudelholz zu einer möglichst dünnen Platte ausrollen. (Je dünner Ihnen der Teig gelingt, desto knuspriger wird das Ergebnis.) Mit einem Teigrad oder einem scharfen Messer Rechtecke oder Dreiecke ausschneiden.
5. Zwei Backbleche mit Backpapier auslegen, die Knäckebrote mit einem schmalen Pfannenwender von der Arbeitsfläche lösen und auf die Bleche legen.
6. Knäckebrote 25–30 Minuten (je nach Dicke) im Ofen backen, bis sie sich leicht wölben, dann aus dem Backofen nehmen und vollständig auskühlen lassen. In einer gut verschließbaren Box können die Knäckebrote 1–2 Wochen aufbewahrt werden.

TIPP: **Eine Variation mit etwa 40 g getrockneten Tomaten oder nach Belieben mit Gewürzen wie zum Beispiel Kümmel oder Curry bekommt dem Knäckebrot gut.**

Unten drunter, aber Low-Carb

Ob Pizza, Flammkuchen oder Obsttorte: Immer ist da drunter ein Teig. Aus Mehl! Aus Kohlenhydraten! Weg damit! Es geht nämlich auch anders: Blumenkohl, Kohlrabi, Auberginen und Zucchini können zu leckeren Teigböden für Pizza verarbeitet werden. Schmeckt nicht ganz so wie die Pizza beim Italiener, das wollen wir gar nicht verheimlichen. Ein Gemüseteig ist eben etwas anderes als Hefe- oder Mürbeteig. Mit einem italienischen Belag ist die Ähnlichkeit aber schon recht groß. Und dabei ist der Kohlenhydratgehalt verschwindend gering.
Der Tortenboden, die Pfannkuchen und Spätzle, die wir »entcarbt« haben, sind von den herkömmlichen Exemplaren kaum zu unterscheiden.

Zucchiniteig für Pizza

Für 2 Portionen • Pro Portion: 240 kcal, 19 g E, 16 g F, 5 g KH

400 g Zucchini
Salz
40 g Parmesan
1 Ei, Größe M
½ Kugel Mozzarella
Pfeffer

1. Zucchini waschen, putzen und grob in Stücke schneiden. In den Mixtopf geben, den Messbecher aufsetzen und 8 Sekunden/Stufe 6 zerkleinern.
2. Ein Sieb mit einem Küchentuch auslegen, die zerkleinerten Zucchini hineingeben, salzen und 15 Minuten ziehen lassen.
3. Den Backofen auf 220 °C (Umluft 200 °C) vorheizen.
4. Die Zucchini mit einem Tuch oder Nussmilchbeutel gut auspressen.
5. Den Parmesan grob zerschneiden, in den Mixtopf geben (die Zucchinireste können drinnen bleiben) und 10 Sekunden/Stufe 10 zerkleinern.
6. Ei, Mozzarella, Zucchini und Pfeffer dazugeben und 20 Sekunden/Stufe 4 zu einem Teig verarbeiten.
7. Ein Backblech mit Backpapier auslegen und aus dem Teig einen möglichst dünnen, großen Kreis darauf streichen. Pizzaboden im Ofen 15–20 Minuten goldgelb backen.
8. Danach das Blech aus dem Ofen nehmen, Pizza mit einem weiteren Backpapier bedecken, umdrehen, wieder auf das Blech legen und das obere Papier abziehen.
9. Pizza nach Wunsch zum Beispiel mit Zucchinistreifen und Champignons belegen, mit etwas Öl beträufeln und überbacken.

TIPP: **Sie können den Teig auch mit 200 g Zucchini und 200 g Möhren gemischt zubereiten.**

Pizza mit Blumenkohlteig

Für 2 Portionen • Pro Portion Teigboden: 232 kcal, 20 g E, 13 g F, 6 g KH •
Pro Portion mit Belag: 462 kcal, 40 g E, 28 g F, 10 g KH

Für den Teig:
50 g Parmesan
500 g Blumenkohl
Salz
600 ml Wasser
2 Eier, Größe M
Pfeffer

Für den Belag:
1 Kugel Mozzarella
100 g Cocktailtomaten
1 rote Zwiebel
75 g Prosciutto
2 EL Tomatenmark
1 EL Wasser

1. Parmesan in 2 cm große Stücke schneiden und 10 Sekunden/Stufe 10 im Mixtopf raspeln. (Den Messbecher aufsetzen.) In eine kleine Schüssel umfüllen.
2. Den Blumenkohl waschen, in Röschen teilen und dabei die grünen Blätter sorgfältig entfernen – sie können bitter schmecken. Blumenkohl in den Mixtopf geben und 6 Sekunden/Stufe 6 schroten. Salz und Wasser dazugeben und 8 Minuten/100 °C/Stufe 0,5 zugedeckt kochen, bis die Blumenkohlkrümel sehr weich sind.
3. Den Backofen auf 200 °C vorheizen (Umluft 180 °C).
4. In der Zwischenzeit den Mozzarella gut abtropfen lassen und in hauchdünne Scheiben schneiden. Die Tomaten waschen und vierteln. Die Zwiebel abziehen und grob hacken. Den Prosciutto in Streifen schneiden.

5. Ein Sieb mit einem sauberen Küchentuch auslegen, den gekochten Blumenkohl hineingeben und gut auspressen – es soll möglichst wenig Flüssigkeit in der Blumenkohlmasse bleiben.
6. Blumenkohl in den Mixtopf zurückgeben, Parmesan, Eier und Pfeffer dazugeben und 10 Sekunden/Stufe 4 zu einem Teig verrühren.
7. Das Backblech mit Backpapier auslegen und aus dem Teig 1 große Pizza von ca. 30 cm Durchmesser formen.
8. Tomatenmark mit 1 EL Wasser in einer Schüssel verrühren und die Pizza damit bestreichen. Mit den Mozzarellascheiben, Tomaten, Zwiebel und Prosciutto belegen. Pizza 20–25 Minuten im Ofen backen, bis die Käsescheiben geschmolzen und die Ränder goldgelb sind.

TIPP: **Speziell für Gemüseteige und Nusszubereitungen gibt es in Drogeriemärkten sogenannte Nussmilchbeutel zu kaufen, mit denen Sie die gekochten Gemüsekrümel sehr gut auspressen können.**

INFO: **Wir haben nicht versprochen, dass Pizza ganz ohne Kohlenhydrate geht. In diesem Rezept stammen sie hauptsächlich vom Blumenkohl. Ein kleinerer Teil auch von der Zwiebel und den Tomaten.**

Auberginen-Pizza

Für 2 Portionen • Pro Portion Teigboden: 114 kcal, 3 g E, 8 g F, 8 g KH • Pro Portion mit Belag: 294 kcal, 16 g E, 25 g F, 10 g KH

Für den Pizzaboden:
400 g Auberginen
Salz
1 Zwiebel
1 Knoblauchzehe
1 EL Olivenöl

Für den Belag:
20 g getrocknete Tomaten (ohne Öl)
2 EL Tomatenmark
½ Dose stückige Tomaten (400 g Einwaage)
1 Kugel Mozzarella
Salz, Pfeffer
10 Blätter Basilikum

1. Auberginen in Scheiben schneiden und salzen. 20 Minuten ziehen lassen.
2. Den Backofen auf 200 °C (Umluft 180 °C) vorheizen.
3. Die Auberginen gut ausdrücken – es soll so wenig Flüssigkeit wie möglich im Gemüse bleiben. Die Zwiebel abziehen und vierteln. Die Knoblauchzehe schälen.
4. Zwiebel, Knoblauch und Olivenöl in den Mixtopf geben, Messbecher aufsetzen und 5 Sekunden/Stufe 5 zerkleinern. Mit dem Spatel nach unten schieben und 3 Minuten/120 °C/Stufe 1 andünsten.
5. Die Auberginen dazugeben und 8 Sekunden/Stufe 6 zerkleinern.
6. Ein Backblech mit Backpapier auslegen und aus dem Auberginenteig 2 Kreise aufstreichen. Teig im Ofen 20 Minuten backen, bis ein trockener Teigboden entstanden ist.

7. In der Zwischenzeit für die Tomatensauce die getrockneten Tomaten, das Tomatenmark und die Dosentomaten in den Mixtopf geben, Messbecher aufsetzen und 4 Sekunden/Stufe 4 zerkleinern. 20 Minuten/120 °C/Stufe 2 offen einkochen lassen. (Spritzschutz aufsetzen!) Mit Salz und Pfeffer abschmecken.
8. Die Sauce auf den Auberginen-Pizzen verstreichen, Mozzarella in sehr dünne Scheiben schneiden und darauf verteilen. 10 Minuten im Backofen backen, bis der Käse leicht geschmolzen ist.
9. Das Basilikum waschen, trocken schütteln, grob hacken und die Pizza vor dem Servieren damit bestreuen.

Minipizzen mit Kohlrabi-Teig

Für 12 Stück • Pro Stück Teigboden: 70 kcal, 7 g E, 4 g F, 2 g KH •
Pro Stück mit Belag: 88 kcal, 8 g E, 5 g F, 3 g KH

Für den Teig:
400 g Kohlrabi
1 l Wasser
1 Knoblauchzehe
80 g Emmentaler
2 Eier, Größe M
75 g Mandelmehl
Salz, Pfeffer
etwas geriebene Muskatnuss

Für den Belag:
1 große Fleischtomate
75 g Scheibletten-Schmelzkäse (zum Beispiel Chester)
Kräuter nach Belieben

1. Den Kohlrabi putzen, schälen, grob hacken und in das Garkörbchen geben.
2. Wasser in den Mixtopf gießen, das Garkörbchen einhängen und den Kohlrabi 20 Minuten/100 °C/Rührstufe dämpfen.
3. Den Backofen auf 200 °C (Umluft 180 °C) vorheizen.
4. Garkörbchen mit dem Kohlrabi beiseitestellen, das Wasser aus dem Mixtopf leeren und den Mixtopf abtrocknen. Die Knoblauchzehe schälen, den Käse grob zerschneiden, beides in den Mixtopf geben und 8 Sekunden/Stufe 8 zerkleinern. Den gut abgetropften Kohlrabi dazugeben und 15 Sekunden/Stufe 5 pürieren.
5. Eier, Mandelmehl, Salz, Pfeffer und Muskatnuss in den Mixtopf geben und alles in 10 Sekunden/Stufe 5 zu einem weichen Teig verarbeiten.
6. Ein Backblech mit Backpapier auslegen und mit einem Löffel 12 Kreise (ca. 7 cm Durchmesser) auf das Backblech setzen. Pizzaböden im Ofen 20 Minuten hellgelb backen.

7. Die Tomate waschen und in 12 dünne Scheiben schneiden. Die Käsescheiben vierteln. Tomaten und Käse auf die Pizzen legen und weitere 20 Minuten backen, bis der Käse geschmolzen ist.
8. Pizzen mit frisch gehackten Kräutern bestreut servieren.

TIPP: **Den Teig können Sie natürlich auch zu einer großen Pizza verarbeiten – er reicht dann für 2–3 Portionen.**

Käse-Pizza

Für 2 Portionen • Pro Stück Teigboden: 302 kcal, 27 g E, 20 g F, 4 g KH • Pro Stück mit Belag: 489 kcal, 39 g E, 34 g F, 8 g KH

Für den Teig:
75 g Gouda
15 g ganze, ungeschälte Mandeln
125 g Hüttenkäse
1 Ei
15 g Mandelmehl
Salz, Pfeffer

Für den Belag:
2 EL Tomatenmark
etwas Wasser
1 Kugel Mozzarella
200 g Tomaten
10 Blätter Basilikum

1. Gouda grob in Stücke schneiden und zusammen mit den Mandeln in den Mixtopf geben. Messbecher aufsetzen und 10 Sekunden/Stufe 10 zerkleinern. Hüttenkäse, Ei, Mandelmehl, etwas Salz und Pfeffer dazugeben und 5 Sekunden/Stufe 3 verrühren.
2. Den Backofen auf 220 °C (Umluft 200 °C) vorheizen.
3. Teig auf ein mit Backpapier ausgelegtes Blech geben, mit einem Löffel oder einer Teigkarte flach drücken, eine Klarsichtfolie darübergeben und zu einem großen Kreis oder Oval ausrollen.
4. Das Tomatenmark in einer Schüssel mit 1–2 EL Wasser glatt rühren und auf dem Teig verstreichen. Mozzarella gut abtropfen lassen, in sehr dünne Scheiben schneiden und auf dem Teig verteilen. Die Tomaten waschen, in Scheiben schneiden und auf die Pizza legen. Basilikum waschen, trocken schütteln, in Streifen schneiden und über die Pizza streuen.
5. Pizza im Ofen 35 Minuten backen, bis die Ränder sich goldbraun färben.

TIPP: Da der Teig schon recht gehaltvoll und aromatisch ist, sollten Sie bei dieser Pizza mit dem Belag sparsam sein. Der Teig hat zwar nur 4 g Kohlenhydrate, ist aber doch durch den Käse recht kalorienreich.

Kokosmehl-Pfannkuchen

Für 6 Pfannkuchen • Pro Stück: 143 kcal, 9 g E, 8 g F, 8 g KH

2 Eier, Größe M
200 ml Milch
50 ml Mineralwasser mit Kohlensäure
150 g Kokosmehl
15 g Eiweißpulver
6 TL Kokosöl

1. Alle Zutaten (außer dem Kokosöl) in den Mixtopf geben und 15 Sekunden/Stufe 4 vermischen. Teig in eine Schüssel umfüllen und quellen lassen. In dieser Zeit können Sie die gewünschte Füllung vorbereiten.
2. Nach dem Quellen bei Bedarf noch etwas Mineralwasser dazugeben – der Teig sollte nicht zu zähflüssig sein.
3. 1 TL Kokosöl in einer beschichteten Pfanne (ca. 20 cm Bodendurchmesser) mild erhitzen (das empfindlichen Mehl würde sonst verbrennen), 1 Kelle Teig darin zerfließen lassen und backen, bis der Pfannkuchen an der Oberfläche fast trocken ist. Mit einem Pfannenwender wenden und fertig backen.

INFO: **Pro Person rechnet man mit 2 Stück als Hauptgericht. Wenn Sie die doppelte Menge zubereiten, können Sie die Pfannkuchen im Backofen bei 100 °C warm halten.**

Vorschlag für eine Füllung für 2 Portionen: • Pro Portion: 149 kcal, 11 g E, 7 g F, 10 g KH

150 g Staudensellerie
1 kleiner roter Apfel
4 Walnusshälften
2 EL Walnussöl
2 EL weißer Essig
Salz, Pfeffer
150 g körniger Frischkäse

1. Staudensellerie waschen, putzen und grob in Stücke schneiden. Den Apfel waschen, vierteln und das Kerngehäuse entfernen.
2. Alle Zutaten (außer dem Frischkäse) in den Mixtopf geben und 8 Sekunden/Stufe 5 zerkleinern.
3. Den Frischkäse dazugeben und 5 Sekunden/Stufe 3 verrühren. Füllung mit Salz und Pfeffer abschmecken, auf die vorbereiteten Pfannkuchen geben und diese zusammenklappen.

Blechkuchen Elsässer Art

Für 4 Portionen • Pro Portion: 371 kcal, 25 g E, 27 g F, 7 g KH

Für den Teig:
50 g Goldleinsamen
100 g Gouda
2 Eier, Größe M
85 g Frischkäse
40 g Leinmehl oder Kokosmehl
1 TL Salz

Für den Belag:
30 g Rucola
150 g weiße Champignons
1 rote Paprikaschote

200 g Crème légère
1 EL Olivenöl

1. Den Backofen auf 180 °C (Umluft 160 °C) vorheizen.
2. Den Leinsamen in den Mixtopf geben, Messbecher aufsetzen und 10 Sekunden/Stufe 10 mahlen. Den Gouda grob in Würfel schneiden, dazugeben und 10 Sekunden/Stufe 6 zerkleinern.
3. Eier, Frischkäse, Leinmehl und Salz in den Mixtopf geben und 10 Sekunden/Stufe 5 zu einem Teig verrühren.
4. Ein Backblech mit Backpapier auslegen, den Teig daraufgeben und mit einer Teigkarte zu einem Rechteck (ca. 15 x 20 cm) formen. Mit Folie bedecken und dünn ausrollen, bis das ganze Blech bedeckt ist.
5. Teig im Ofen 20 Minuten backen, bis der Rand sich goldgelb zu färben beginnt.
6. In der Zwischenzeit den Belag vorbereiten: Rucola waschen und gut abtropfen lassen. Die Champignons mit Küchenpapier abreiben, eventuell die Stielchen entfernen und die Köpfchen in Scheiben schneiden. Die Paprikaschote waschen, putzen und in Streifen schneiden.

7. Die Crème légère auf dem Teig verteilen und Kuchen mit den vorbereiteten Zutaten belegen. Mit dem Olivenöl beträufeln und Kuchen im Ofen weitere 15 Minuten bei 200 °C (Umluft 180 °C) fertigbacken.

Tortenboden für Fruchtiges

Für 10 Stück • Pro Tortenstück: 131 kcal, 5 g E, 11 g F, 3 g KH

115 g weiche Butter
50 g Zuckerersatz
2 Eier, Größe M
100 g Mandelmehl
25 g Weizenmehl (Typ 550)
Salz
etwas Fett für die Form

1. Den Backofen auf 180 °C (Umluft 160 °C) vorheizen.
2. Butter, Zuckerersatz und Eier in den Mixtopf geben, den Messbecher aufsetzen und alles 3 Minuten/Stufe 3 schaumig rühren.
3. Die beiden Mehle und 1 Prise Salz dazugeben und 15 Sekunden/Stufe 3 zu einem weichen Teig verrühren.
4. Eine Springform (24 cm Durchmesser) dünn einfetten, den Teig mit einer Teigkarte darin verteilen und 20 Minuten im Ofen backen, bis der Tortenboden goldgelb ist und sich an der Oberfläche kleine Risse zeigen.
5. Boden vollständig auskühlen lassen und dann nach Belieben belegen.

TIPP: **Der Tortenboden lässt sich gut auf Vorrat backen und einfrieren. Zum Auftauen – wenn es schnell gehen soll – 10 Minuten bei 180 °C (Umluft 160 °C) in den Backofen geben.**
Für den Belag können Sie auch mal Folgendes probieren:

Sahne-Erdbeeren

Pro Stück zusätzlich: 65 kcal, 0 g E, 6 g F, 2 g KH

200 g Sahne
40 g Zuckerersatz
200 g Erdbeeren

1. Sahne mit Zuckerersatz in den Mixtopf geben, den Schmetterling einsetzen und Sahne 40–60 Sekunden/Stufe 3 steif schlagen. Durch die Deckelöffnung beobachten, wann die gewünschte Festigkeit erreicht ist.
2. Erdbeeren kalt abbrausen, abtropfen lassen, putzen und größere Früchte halbieren.
3. Ausgekühlten Tortenboden mit der Schlagsahne bestreichen und die Früchte darauf verteilen.

Frischkäsecreme mit Beeren

Pro Portion zusätzlich: 201 kcal, 6 g E, 18 g F, 4 g KH

½ Bio-Zitrone
½ Vanilleschote
250 g Frischkäse
300 ml Schmand
3 Eier , Größe M
150 g Zuckerersatz
250 g Rote Johannisbeeren
25 g weiße Diät-Schokolade

1. Den Backofen auf 150 °C (Umluft 130 °C) vorheizen.
2. Die Zitrone heiß waschen, 2 TL Schale abraspeln und ½ Frucht auspressen. Die Vanilleschote längs aufschlitzen und das Mark herauskratzen.
3. Zitronenschale und -saft, Vanillemark, Frischkäse, Schmand, Eier und Zuckerersatz in den Mixtopf geben, den Messbecher aufsetzen und 20 Sekunden/Stufe 3 verrühren.
4. Die Beeren waschen, abtropfen lassen, mit einer Gabel von den Rispen streifen und die Hälfte davon 5 Sekunden/Stufe 2 unter die Creme rühren.
5. Die Creme auf dem vorgebackenen Tortenboden verteilen, die restlichen Beeren daraufstreuen und die Torte 45 Minuten im vorgeheizten Backofen backen.
6. Die Schokolade mit einem scharfen Messer in dünne Raspel schneiden.
7. Die Torte nach dem Backen abkühlen lassen, aus der Springform lösen und mit den Schokoladenraspeln bestreut lauwarm oder kalt servieren.

Quarkspätzle

Für 2 Portionen • Pro Portion: 224 kcal, 36 g E, 6 g F, 7 g KH

200 g Quark (20 % Fett)
2 Eier, Größe M
40 g Flohsamenschalen oder Guarkernmehl
50 g Eiweißpulver
2 l Wasser
Salz
Pfeffer
2 EL Schnittlauch in Röllchen

1. Quark, Eier, Flohsamenschalen und Eiweißpulver in den Mixtopf geben und 30 Sekunden/Stufe 3 verrühren. 10–15 Minuten quellen lassen.
2. Wasser mit etwas Salz in einem geräumigen Topf zum Kochen bringen.
3. Sollte der Teig zu fest geworden sein, mit etwas heißem Wasser verdünnen und noch mal 5 Sekunden/Stufe 3 durchrühren.
4. Teig in einen Spätzlehobel oder eine Spätzlepresse füllen und die Spätzle ins heiße Wasser drücken. 1 Minute aufkochen lassen, durch ein Sieb abgießen und auf 2 Teller verteilen.
5. Mit Salz und Pfeffer würzen und mit Schnittlauch bestreut servieren.

TIPP: **Gut macht sich auch 1 Ecke Schmelzkäse auf den Spätzle – oder Sie garnieren sie wie gewohnt mit gerösteten Zwiebeln und Schinkenwürfeln, was aber kalorienmäßig durchaus zu Buche schlägt.**

Hülsenfrüchte-Streit

Puristen unten den Low-Carblern lehnen Hülsenfrüchte komplett ab. Sie enthalten ja Kohlenhydrate. Bei den besonders strengen ketogenen Diäten, bei denen maximal 50 g Kohlenhydrate pro Tag gegessen werden dürfen, haben Linsen und Bohnen auch nichts zu suchen.

Für alle anderen gilt: Hülsenfrüchte sind gesund, zählen eindeutig zu den »guten« Kohlenhydraten, senken den Blutzuckerspiegel und enthalten viel Eiweiß, was gerade für Vegetarier und Veganer bedeutsam ist.

Wir haben bei unseren Rezepten aufgepasst, dass nicht zu viele dieser Früchte im Mixtopf landen und die meisten Gerichte mit zusätzlichem Gemüse zubereitet.

Nur bei den Linsen verwenden wir getrocknete Ware, denn die haben vertretbare Kochzeiten. Bohnen und Kichererbsen sind auch gut und praktisch aus der Dose.

Linsensuppe mit Tofu

Für 4 Portionen • Pro Portion: 341 kcal, 23 g E, 17 g F, 27 g KH

200 g Möhren
150 g Topinamburen oder Kartoffeln
200 g Tellerlinsen
1 l Gemüsebrühe
2 Lorbeerblätter
4 Stängel krause Petersilie
200 g Räuchertofu
2 EL Rapsöl
grober Pfeffer aus der Mühle
Salz, Pfeffer

1. Die Möhren putzen, schälen und würfeln. Die Topinamburen schälen, waschen und ebenfalls würfeln. Alternativ: Gemüse nur grob zerschneiden und dann 3 Sekunden/Stufe 4 im Mixtopf zerkleinern. Die Linsen in ein Sieb geben und lauwarm abbrausen.
2. Möhren, Topinamburen, Linsen, Brühe und Lorbeerblätter in den Mixtopf geben und 30 Minuten/100 °C/Stufe 1 linksdrehend garen.
3. Die Petersilie waschen, trocken schütteln und die Blättchen von den Stängeln zupfen.
4. Den Tofu in 1 cm dicke Scheiben schneiden. Das Öl in einer beschichteten Pfanne erhitzen und die Tofuscheiben darin knusprig braten. Mit Pfeffer aus der Mühle würzen.
5. Die Linsensuppe mit Salz und Pfeffer abschmecken und die Lorbeerblätter entfernen.
6. Die Suppe auf 4 Teller verteilen, den Tofu in die Mitte setzen und Suppe mit der Petersilie bestreut servieren.

Kürbis-Linsen-Suppe mit Schinken

Für 4 Portionen • Pro Portion: 251 kcal, 14 g E, 13 g F, 21 g KH

1 Zwiebel
1 Knoblauchzehe
100 g Petersilienwurzel
2 EL Rapsöl
100 g getrocknete Tellerlinsen
1 l Gemüsebrühe
600 g Hokkaido-Kürbis
2 Stängel glatte Petersilie
100 g magerer gekochter Schinken
Salz, Pfeffer
etwas weißer Essig

1. Die Zwiebel abziehen und vierteln. Die Knoblauchzehe schälen. Die Petersilienwurzel schälen, putzen und grob in Stücke schneiden.
2. Zwiebel, Knoblauch, Petersilienwurzel und 1 EL Öl in den Mixtopf geben, Messbecher aufsetzen und 5 Sekunden/Stufe 5 zerkleinern. Anschließend 3 Minuten/120 °C/Stufe 1 andünsten.
3. Die Linsen in ein Sieb geben und lauwarm abbrausen. Linsen und ½ l Gemüsebrühe in den Mixtopf geben und 35–45 Minuten/100 °C/Stufe 1 kochen, bis die Linsen weich sind.
4. In der Zwischenzeit die Kürbisschale reinigen (sie wird mit verwendet), den Kürbis entkernen und das Fruchtfleisch grob würfeln. Die Petersilie waschen, trocken schütteln, die Blätter von den Stängeln zupfen, fein hacken und beiseitestellen.
5. Etwa die Hälfte der Linsen aus dem Topf in eine Schüssel umfüllen und beiseitestellen. Kürbis in den Topf geben, die restliche Gemüsebrühe dazugießen und alles 12 Minuten/100 °C/Stufe 1 weich kochen.
6. Schinken in Quadrate oder Rechtecke schneiden und im restlichen Öl in einer beschichteten Pfanne knusprig braten.

7. Die Suppe 50 Sekunden/Stufe 5–8 cremig pürieren und mit Salz, Pfeffer und Essig pikant abschmecken. Auf 4 Tellern anrichten, Linsen und gebratenen Schinken in die Mitte setzen und mit Petersilie bestreut servieren.

INFO: **Getrocknete Tellerlinsen gibt es von braun, grün bis gelblich – je nachdem, wie lange sie gelagert wurden. Davon hängt auch die Kochzeit ab, die zwischen 30 und 60 Minuten betragen kann. Schneller geht es zum Beispiel mit den kleineren Berglinsen.**

Linseneintopf mit Tomaten und Sucuk

Für 4 Portionen • Pro Portion: 363 kcal, 24 g E, 17 g F, 32 g KH

1 kleine Stange Lauch
100 g Möhren
100 g Knollensellerie
250 g Tellerlinsen
2 EL Tomatenmark
1 l Gemüsebrühe
250 g Fleischtomaten
2 Sucuk (ersatzweise Mettwurst oder Schinkenwurst)
4 Stängel glatte Petersilie
Salz, Pfeffer
etwas Rotweinessig

1. Lauch längs aufschlitzen, gründlich waschen, putzen und mit viel Grün grob zerschneiden. Möhren und Knollensellerie putzen, waschen und grob in Stücke schneiden. Die Linsen in ein Sieb geben und lauwarm abbrausen.
2. Lauch, Möhren und Sellerie in den Mixtopf geben, Messbecher aufsetzen und 5 Sekunden/Stufe 5 zerkleinern.
3. Tomatenmark, Linsen und Gemüsebrühe dazugeben und alles zugedeckt 30 Minuten/100 °C/Stufe 1 linksdrehend kochen.
4. Die Tomaten waschen, vierteln, Stielansätze und Kerne entfernen und das Fruchtfleisch würfeln. Die Würste pellen und würfeln. Die Petersilie waschen, trocken schütteln, die Blätter von den Stängeln zupfen und fein hacken.
5. Die Tomaten mit dem Spatel in die Suppe rühren, Varoma aufsetzen und die Wurstwürfel hineingeben. Alles zusammen 15 Minuten/Varoma/Stufe 1 linksdrehend weiter garen. Eventuell 100–150 ml Brühe nachgießen.
6. Varoma abnehmen und beiseitestellen. Die Suppe mit Salz, Pfeffer und Essig pikant abschmecken, auf 4 Teller verteilen und die Sucuk-Würfel in die Mitte setzen. Mit Petersilie bestreut servieren.

INFO: Sucuk ist eine scharf gewürzte türkische Wurst aus Rind-, Lamm- oder (seltener) Kalbfleisch. Sie bekommen diese 10 cm langen Wurstpaare nicht nur in türkischen Lebensmittelgeschäften, sondern mittlerweile auch in großen Supermärkten im Kühlregal.

Kichererbsen-Eintopf mit Hähnchen und Möhren

Für 4 Portionen • Pro Portion: 279 kcal, 22 g E, 14 g F, 17 g KH

1 große Zwiebel
2 Knoblauchzehen
1 EL Rapsöl
1 EL Paprikapulver, rosenscharf oder edelsüß
300 g Möhren
800 ml Gemüse- oder Hühnerbrühe
300 g Hähnchenbrustfilet
4 Stängel krause Petersilie
1 Dose Kichererbsen (265 g Abtropfgewicht)
Salz, Pfeffer

1. Die Zwiebel abziehen und vierteln. Die Knoblauchzehen schälen. Beides in den Mixtopf geben, Messbecher aufsetzen und 5 Sekunden/Stufe 5 zerkleinern. Mit dem Spatel nach unten schieben. Öl und Paprikapulver dazugeben und 3 Minuten/120 °C/Stufe 1 andünsten.
2. Die Möhren putzen, schälen und grob in Stücke schneiden. In den Mixtopf geben und 3 Sekunden/Stufe 5 zerkleinern. Die Brühe angießen.
3. Die Hähnchenbrustfilets von Sehnen befreien und in den Varoma legen.
4. Varoma aufsetzen und das Ganze 25 Minuten/Varoma/Stufe 1 garen.
5. Die Petersilie waschen, trocken schütteln und die Blätter von den Stängeln zupfen. Varoma abnehmen, das Hähnchenfleisch in Streifen schneiden und beiseitestellen.
6. Die Kichererbsen in ein Sieb geben, kalt abbrausen und in den Mixtopf geben. 3 Minuten/100 °C/Stufe 1 erwärmen. Die Hähnchenstreifen und die Petersilie dazugeben und das Ganze noch 2 Minuten/100 °C/Stufe 2,5 linksdrehend vermischen.
7. Den Eintopf mit Salz und Pfeffer abschmecken und auf 4 Teller verteilen.

Dicke-Bohnen-Püree

2 Portionen • Pro Portion: 304 kcal, 18 g E, 12 g F, 29 g KH

1 kg frische dicke Bohnen (ersatzweise 400 g tiefgekühlte)
2 Schalotten
1 Knoblauchzehe
1 EL Olivenöl
150 ml Gemüse- oder Geflügelfond
1 kleine rote Zwiebel
2 Stängel Dill
Salz, Pfeffer
etwas Zitronensaft
Zitronenspalten nach Belieben

1. Die dicken Bohnen palen bzw. tiefgekühlte auftauen lassen. Die Schalotten und die Knoblauchzehe abziehen, zusammen mit dem Olivenöl in den Mixtopf geben, den Messbecher aufsetzen und 5 Sekunden/Stufe 5 zerkleinern und dann 3 Minuten/120 °C/Stufe 1 andünsten.
2. Die Bohnen dazugeben und 10 Sekunden/Stufe 5 zerkleinern. Den Fond angießen und alles 12 Minuten/100 °C/Stufe 0,5 linksdrehend garen. Zwischendurch Bohnengemisch 1–2 Mal mit dem Spatel nach unten schieben.
3. In der Zwischenzeit die Zwiebel abziehen und in Scheiben schneiden. Den Dill waschen, trocken schütteln und die Blättchen von den Stielen zupfen.
4. Die Bohnen 10 Sekunden/Stufe 6 pürieren und mit Salz, Pfeffer und Zitronensaft abschmecken. Püree auf 2 Teller verteilen und mit Zwiebelscheiben und Dill bestreut servieren. Nach Belieben zum Würzen Zitronenspalten darauflegen oder getrennt dazu reichen.

TIPP: **Sehr lecker schmecken dazu kleine Lammkoteletts. 2 Stücke pro Person treiben Ihre Kalorienbilanz allerdings in die Höhe: 550 kcal/Portion.**

Kidneybohnen-Suppe mit Kürbis

Für 4 Portionen • Pro Portion: 153 kcal, 7 g E, 4 g F, 17 g KH

1 rote Zwiebel
600 g Muskatkürbis
½ TL gemahlener Zimt
800 ml Gemüse- oder Fleischbrühe
250 g Fleischtomaten
1 kleine Dose Kidneybohnen (200 g Abtropfgewicht)
2 Stängel Dill
Salz, Pfeffer

1. Die Zwiebel abziehen und vierteln. Das Kürbisstück schälen, die Kerne entfernen und das Fruchtfleisch grob zerschneiden.
2. Die Zwiebel in den Mixtopf geben, Messbecher aufsetzen und 5 Sekunden/Stufe 5 zerkleinern. Mit dem Spatel nach unten schieben, die Kürbisstücke dazugeben und 3 Sekunden/Stufe 4 zerkleinern.
3. Zimt und Gemüsebrühe in den Topf geben und alles 15 Minuten/100 °C/Stufe 1 linksdrehend kochen.
4. Die Tomaten waschen, vierteln, Stielansätze und Kerne entfernen und das Fruchtfleisch würfeln. Die Kidneybohnen in ein Sieb geben, kalt abbrausen und gut abtropfen lassen. Den Dill waschen, trocken schütteln, die Blätter von den Stängeln zupfen und fein hacken.
5. Tomaten und Kidneybohnen zur Suppe geben, mit dem Spatel unterheben und 6 Minuten/100 °C/Stufe 2 linksdrehend erwärmen.
6. Suppe mit Salz und Pfeffer abschmecken, auf 4 Teller verteilen und mit Dill bestreut servieren.

TIPP: **Pikant dazu sind rosa Pfefferbeeren mit ihrem süßlich-scharfen Aroma. 1 TL davon im Mörser oder auf der Arbeitsfläche zerdrücken und mit den Kidneybohnen zur Suppe geben.**

INFO: Der stattliche Muskatkürbis mit seiner gerippten Schale kann bis zu 40 kg schwer werden. Während seine Brüder im Herbst ihre leuchtend orangefarbenen Kleider anziehen, bleibt er dunkelgrün bis matt lachsfarben. Im Inneren entfaltet aber auch er leuchtendes Orange. Im Handel wird er wegen seiner unhandlichen Größe meist in Stücken oder Spalten angeboten.
Eine Besonderheit: Das Fruchtfleisch kann auch als Rohkost verwendet werden.

Kidneybohnen-Eintopf mit Sauerkraut

Für 4 Portionen • Pro Portion: 161 kcal, 7 g E, 7 g F, 15 g KH

1 Bund Lauchzwiebeln
1 gelbe Paprikaschote
1 EL Rapsöl
1 EL Paprikapulver, rosenscharf oder edelsüß
500 g Sauerkraut
2 Lorbeerblätter
250 ml Gemüsebrühe
1 Dose Kidneybohnen (ca. 250 g Abtropfgewicht)
4 EL saure Sahne

1. Die Lauchzwiebeln putzen, waschen und grob zerschneiden. Die Paprikaschote waschen, putzen und in Stücke schneiden. Beides zusammen mit dem Rapsöl und dem Paprikapulver in den Mixtopf geben, Messbecher aufsetzen und 5 Sekunden/Stufe 5 zerkleinern. Mit dem Spatel nach unten schieben und 3 Minuten/120 °C/Stufe 1,5 andünsten.
2. Das Sauerkraut in das Garkörbchen geben, mit einer Gabel auflockern und die Lorbeerblätter an den Rand stecken.
3. Die Gemüsebrühe in den Mixtopf füllen, das Garkörbchen mit dem Sauerkraut einhängen und zugedeckt 20 Minuten/100 °C/Stufe 1,5 linksdrehend garen.
4. Die Kidneybohnen in ein Sieb geben und kalt abbrausen.
5. Das Garkörbchen mithilfe des Spatels herausnehmen und beiseitestellen, die Lorbeerblätter entfernen. Die Kidneybohnen zum Eintopf geben und 5 Minuten/100 °C/Stufe 1 linksdrehend erwärmen.
6. Das Sauerkraut in den Mixtopf geben und 20 Sekunden/Stufe 2 linksdrehend untermischen. Eintopf auf 4 Teller verteilen und jeweils 1 EL saure Sahne in die Mitte setzen.

TIPP 1: **Statt des Paprikapulvers können Sie das Gericht auch mit 1 EL mildem Currypulver zubereiten. Das gibt zusammen mit dem Sauerkraut ein interessantes Aroma.**

Gelbe-Linsen-Suppe mit Spinat

Für 2 Portionen • Pro Portion: 480 kcal, 30 g E, 17 g F, 51 g KH

300 g frischer Spinat
1 Zwiebel
15 g Kokosöl
1 TL Kurkuma
1 getrocknete Peperonischote oder
½ TL Peperoncino-Gewürz
180 g gelbe Linsen
800 ml Gemüsebrühe
Salz, Pfeffer

1. Den Spinat waschen, verlesen und in den Varoma legen.
2. Die Zwiebel abziehen und vierteln. Zusammen mit dem Kokosöl in den Mixtopf geben, Messbecher aufsetzen und 5 Sekunden/Stufe 5 zerkleinern. Zwiebel mit dem Spatel nach unten schieben und 3 Minuten/120 °C/Stufe 1 andünsten.
3. Kurkuma, Peperonischote oder Peperoncino, Linsen und Brühe in den Mixtopf geben und den Varoma mit dem Spinat aufsetzen. Das Ganze 25 Minuten/Varoma/Stufe 1 kochen.
4. Den Varoma abnehmen, den Spinat in die Suppe geben und 20 Sekunden/Stufe 2 linksdrehend unterrühren. Suppe mit Salz und Pfeffer abschmecken und auf 2 Teller verteilen.

Grüne Gemüsesuppe mit Pesto

Für 4 Portionen • Pro Portion: 343 kcal, 11 g E, 25 g F, 17 g KH

30 g Pinienkerne
30 g ganze, ungeschälte Mandeln
40 g frische Kräuter (z. B. Basilikum und Majoran)
½ Bio-Limette
50 ml Olivenöl
250 g grüne Bohnen
500 g frische Erbsen
200 g grüner Spargel
200 g Zucchini
800 ml Gemüsebrühe
Salz, Pfeffer

1. Die Hälfte der Pinienkerne und der Mandeln in den Mixtopf geben, Messbecher aufsetzen und 5 Sekunden/Stufe 8 zerkleinern.
2. Die Kräuter waschen, trocken schütteln und die Blätter von den Stielen zupfen. (Wenn Sie Kräuter mit holzigen Stängeln verwenden, diese sehr sorgfältig entfernen!) Die Limette heiß waschen. 1 EL Schale abreiben, den Saft auspressen.
3. Kräuter und Limettenschale mit dem Olivenöl zu den Nüssen in den Mixtopf geben, Messbecher aufsetzen und 5 Sekunden/Stufe 8 fein zerkleinern. Mit dem Spatel nach unten schieben und den Vorgang wiederholen, bis das Pesto eine sämige Konsistenz hat. Pesto in eine Schüssel umfüllen, den Mixtopf nicht spülen.
4. Bohnen putzen und waschen. Erbsen palen. Spargel waschen, im unteren Ende schälen und in 2 cm lange Stücke schneiden. Zucchini putzen, waschen und in Scheiben schneiden.
5. Die Spargelköpfchen und Zucchinischeiben in den Varoma legen. Das restliche Gemüse mit der Brühe in den Mixtopf geben, den Varoma aufsetzen und das Ganze 15–18 Minuten/100 °C/Stufe 1 linksdrehend bissfest garen.

6. Den Varoma abnehmen und die Zucchinischeiben zur Suppe geben. Mit Salz, Pfeffer und dem Limettensaft abschmecken. Suppe auf 4 Teller verteilen und die Spargelköpfchen, je 1 EL Pesto sowie die restlichen Pinienkerne und Mandeln in die Mitte setzen.

INFO: **Von 500 g Schoten können Sie etwa 250 g Erbsen »ernten« – wenn Sie nicht schon eine Menge weggenascht haben. Frisch gepalte Erbsen schmecken unwiderstehlich gut!**

Dicke-Bohnen-Eintopf mit Pilzen

Für 2 Portionen • Pro Portion: 464 kcal, 19 g E, 31 g F, 25 g KH

500 g frische dicke Bohnen (ersatzweise 200 g tiefgekühlte)
150 g weiße oder grüne Stangenbohnen
1 rote Zwiebel
1 Knoblauchzehe
100 g Möhren
30 g Parmesan
1 EL Olivenöl
50 g getrocknete Tomaten
500 ml Gemüsebrühe
je 1 Stängel Thymian und glatte Petersilie
150 g Kräutersaitlinge
10 g Butter
Salz, Pfeffer
weißer Balsamessig nach Belieben

1. Die dicken Bohnen palen bzw. auftauen lassen und ins Garkörbchen legen. Die Stangenbohnen putzen, waschen und in etwa 3 cm lange Stücke schneiden.
2. Zwiebel und Knoblauchzehe abziehen, Zwiebel vierteln. Die Möhren putzen, schälen und grob in Stücke schneiden.
3. Den Parmesan in groben Stücken in den Mixtopf geben, den Messbecher aufsetzen und 10 Sekunden/Stufe 10 zerkleinern. In eine kleine Schüssel umfüllen.
4. Zwiebel und Knoblauch in den Mixtopf geben, Messbecher aufsetzen und 3 Sekunden/Stufe 5 zerkleinern. Das Öl dazugeben und 3 Minuten/100 °C/Stufe 1 andünsten. Möhren und getrocknete Tomaten dazugeben und 3 Sekunden/Stufe 5 zerkleinern.

5. Die Stangenbohnen, Brühe und Kräuterstängel in den Topf geben, das Garkörbchen mit den dicken Bohnen einhängen (aufgetaute Tiefkühlbohnen erst nach 15 Minuten!) und das Ganze zugedeckt 25–30 Minuten/100 °C/Stufe 0,5 linksdrehend garen, bis das Gemüse weich ist.
6. Gegen Ende der Garzeit die Pilze mit Küchenkrepp säubern und in mundgerechte Stücke schneiden. Die Butter in einer kleinen beschichteten Pfanne stark erhitzen und die Pilze unter Rühren etwa 3 Minuten goldgelb anbraten.
7. Die Gewürzstängel aus dem Eintopf fischen und das Ganze mit Salz, Pfeffer und nach Belieben einem Schuss Balsamessig abschmecken. Auf 2 Teller verteilen, die Pilze obenauf geben und den Parmesan getrennt dazu reichen.

Grüne Bohnen mit Pilzen in Käsesauce

Für 2 Portionen als Hauptgericht oder 4 Portionen als Beilage •
Pro Portion (als Hauptgericht): 339 kcal, 21 g E, 21 g F, 16 g KH

400 g grüne Bohnen
200 g frische Pilze (z. B. Austernpilze, Shiitake oder braune Champignons)
75 g Cheddar
2 Schalotten
1 EL Rapsöl
150 ml fettarme Milch
½ gestrichener TL Guarkernmehl oder Agar-Agar
Salz, Cayennepfeffer

1. Die Bohnen putzen, waschen, in etwa 5 cm lange Stücke schneiden und ins Garkörbchen legen.
2. Die Pilze putzen und mit einer weichen Bürste oder Küchenpapier abreiben. 3 Sekunden/Stufe 3 im Mixtopf zerkleinern (Messbecher!) oder von Hand in Scheiben schneiden. Bei Shiitake-Pilzen die Stiele herausknipsen und die größeren Köpfchen auseinanderbrechen. Die Pilze in den Varoma legen.
3. Den Cheddar grob in Stücke schneiden, in den Mixtopf geben, Messbecher aufsetzen und 8 Sekunden/Stufe 8 zerkleinern. In eine Schüssel umfüllen und beiseitestellen.
4. Die Schalotten abziehen und halbieren. In den Mixtopf geben (er muss nicht von den Käseresten gereinigt sein), Messbecher aufsetzen und 4 Sekunden/Stufe 5 zerkleinern. Das Öl dazugeben und 3 Minuten/120 °C /Stufe 1 andünsten.
5. Die Milch dazugeben, das Garkörbchen einhängen, den Varoma aufsetzen und das Ganze 15 Minuten/Varoma/Rührstufe garen.
6. Den Varoma abnehmen, das Garkörbchen herausnehmen und beides beiseitestellen.

7. Den Thermomix® auf 2 Minuten/100 °C/Stufe 2 einstellen und zuerst das Guarkernmehl, dann den geriebenen Cheddar nach und nach durch die Deckelöffnung in den Mixtopf geben. Käsesauce mit Salz und Pfeffer abschmecken.
8. Bohnen und Pilze in tiefen Tellern oder Schüsseln anrichten und mit der Käsesauce begossen servieren.

TIPP: **Das Gericht kann gut im Backofen bei 100 °C (Umluft 80 °C) warm gehalten werden, wenn Sie noch in der Pfanne ein Steak dazu braten wollen.**

Indischer Kichererbsen-Eintopf

Für 4 Portionen • Pro Portion: 252 kcal, 11 g E, 11 g F, 27 g KH

30 g Butter
1 große Zwiebel
2 Knoblauchzehen
1 EL Madras-Currypulver
1 TL gemahlener Kreuzkümmel
1 TL gemahlener Koriander
1 Dose stückige Tomaten (400 g Abtropfgewicht)
200 ml Gemüsebrühe
3 Stängel Koriander oder glatte Petersilie
2 Dosen Kichererbsen (265 g Abtropfgewicht)
Salz, Cayennepfeffer

1. Die Butter in den Mixtopf geben und 1 Minute/80 °C/Stufe 1 schmelzen lassen.
2. Zwiebel abziehen und vierteln. Die Knoblauchzehen schälen. Beides zusammen zur Butter geben, Messbecher aufsetzen und 5 Sekunden/Stufe 5 zerkleinern. Mit dem Spatel nach unten schieben, die Gewürze dazugeben und 4 Minuten/100 °C/Stufe 1 andünsten.
3. Tomaten und Gemüsebrühe in den Mixtopf geben und alles 15 Minuten/100 °C/Stufe 1,5 kochen lassen.
4. In der Zwischenzeit den frischen Koriander waschen, trocken schütteln und die Blätter von den Stängeln zupfen. Die Kichererbsen in ein Sieb geben, kalt abbrausen und gut abtropfen lassen.
5. Die Kichererbsen zur Tomatensauce geben und 7 Minuten/100 °C/Stufe 1,5 linksdrehend erwärmen.
6. Eintopf mit Salz und Cayennepfeffer abschmecken, auf 4 Teller verteilen und mit Koriander bestreut servieren.

TIPP: Sie können auch getrocknete Kichererbsen verwenden. Davon sollten Sie pro Portion ca. 100 g rechnen. Die harten Kügelchen müssen allerdings mindestens 12 Stunden eingeweicht werden. Dann das Einweichwasser unbedingt wegschütten und die Kichererbsen nochmals gründlich abbrausen, um die enthaltenen Giftstoffe auszuschwemmen. Die Garzeit beträgt 30–40 Minuten in der doppelten Menge Wasser. Anschließend die Kichererbsen durch ein Sieb abgießen und vor der weiteren Verwendung erneut abbrausen.

Rote-Linsen-Suppe mit Seidentofu

Für 4 Portionen • Pro Portion: 461 kcal, 26 g E, 22 g F, 40 g KH

1 Zwiebel
2 Knoblauchzehen
150 g Möhren
25 g Kokosöl
je ½ TL gemahlener Koriander und Kreuzkümmel
1 EL Paprikapulver, rosenscharf oder edelsüß
250 g rote Linsen
1,2 l Gemüsebrühe
80 g getrocknete Tomaten
1 Zweig Rosmarin
200 g Seidentofu
Salz, Pfeffer
etwas weißer Essig
etwas Paprikapulver zum Bestreuen

1. Die Zwiebel abziehen und vierteln. Die Knoblauchzehen schälen. Die Möhren putzen, schälen und grob in Stücke schneiden. Alles in den Mixtopf geben, Messbecher aufsetzen und 6 Sekunden/Stufe 5 zerkleinern.
2. Mit dem Spatel nach unten schieben, Kokosöl, Koriander, Kreuzkümmel und Paprikapulver dazugeben und 4 Minuten/120 °C/Stufe 2 andünsten.
3. Linsen, Gemüsebrühe, getrocknete Tomaten und Rosmarinzweig in den Mixtopf geben und in 10 Minuten/100 °C/Stufe 1 zum Kochen bringen. Dann die Hitze reduzieren und die Suppe 30 Minuten/85 °C/Stufe 1 weiterkochen, bis die Linsen sehr weich sind.
4. Einige getrocknete Tomaten zur Dekoration herausfischen und in Streifen schneiden. Den Rosmarinzweig entfernen.
5. Seidentofu zu den Linsen geben und das Ganze 20 Sekunden/Stufe 6 pürieren. Mit Salz, Pfeffer und Essig nach Belieben abschmecken.
6. Die Suppe auf 4 Teller verteilen, die Tomatenstreifen in die Mitte setzen und mit Paprikapulver bestreut servieren.

TIPP: Wie alle Gerichte mit Linsen oder Bohnen schmeckt auch dieses aufgewärmt noch mal so gut. Selbst wenn Sie ein Essen nur für 2 planen, kochen Sie ruhig 4 Portionen und heben den Rest im Kühlschrank oder im Tiefkühler auf.

Cannellibohnen-Topf mit Wirsing

Für 4 Portionen • Pro Portion: 229 kcal, 10 g E, 12 g F, 20 g KH

1 Zwiebel
2 Knoblauchzehen
200 g Möhren
200 g Staudensellerie
200 g Wirsing (ersatzweise Grünkohl oder Mangold)
8 Rispentomaten
1 Dose Cannelli-Bohnen (250 g Abtropfgewicht)
2 EL Olivenöl
750 ml Brühe oder Fond nach Belieben
2 Zweige Thymian
2 Lorbeerblätter
Salz, Pfeffer
etwas weißer Balsamessig

1. Die Zwiebel abziehen und vierteln. Die Knoblauchzehen schälen. Möhren putzen, schälen, Staudensellerie waschen und putzen. Möhren und Sellerie in etwa ½ cm breite Scheiben schneiden.
2. Den Wirsing gründlich waschen, die harten Mittelrippen entfernen und die Blätter in mundgerechte Stücke zupfen. Die Tomaten waschen, halbieren und die Stielansätze entfernen. Die Bohnen in ein Sieb geben, kalt abbrausen und abtropfen lassen.
3. Zwiebel und Knoblauchzehen mit dem Olivenöl in den Mixtopf geben, den Messbecher aufsetzen und 5 Sekunden/Stufe 5 zerkleinern. Mit dem Spatel nach unten schieben,
4. Möhren und Sellerie dazugeben und alles zusammen 3 Minuten/120 °C/Stufe 1 andünsten.
5. Mit Brühe oder Fond aufgießen, Wirsing, Thymianstängel und Lorbeerblätter dazugeben, das Garkörbchen als Spritzschutz obenauf setzen und alles 20 Minuten/100 °C/Stufe 1 linksdrehend kochen lassen.

6. Die Bohnen und Tomaten dazugeben und weitere 7 Minuten/100 °C/Stufe 1 linksdrehend garen.
7. Thymianstängel und Lorbeerblätter entfernen, den Eintopf mit Salz, Pfeffer und Balsamessig abschmecken und auf 4 Teller verteilen.

TIPP: **Zum Eintopf passt pro Portion 1 EL geriebener Parmesan. Dazu können Sie etwa 40 g Käse grob in Stücke schneiden und diese, bevor Sie mit der Suppenzubereitung beginnen, im Mixtopf 10 Sekunden/Stufe 10 reiben und in eine kleine Schüssel umfüllen.**

Starauftritt: Schlankgemüse

Von Aubergine bis Zucchini packen wir alles in den Mixtopf, was wenig Kalorien und noch weniger Kohlenhydrate enthält und dafür fit und vital macht.
Die Suppen können Sie als kalorienarme Mahlzeit genießen oder vor einem anderen Hauptgericht servieren. Sie sind so lecker, dass auch Gäste begeistert sein werden. Sellerie und Spargel, die absoluten Fitness-Stangen, dürfen natürlich ebenfalls nicht fehlen.
Für Blumenkohl haben wir uns etwas ganz Besonderes einfallen lassen: Er kommt als »Reis« verkleidet daher. Und natürlich haben wir auch etwas mit Topinamburen entwickelt, dem Ersatz für Kartoffeln in der Low-Carb-Ernährung.

Rote Paprikasuppe

Für 4 Portionen • Pro Portion: 147 kcal, 2 g E, 12 g F, 7 g KH

500 g rote Paprikaschoten
1 Orange (am besten Blutorange)
2 EL Rapsöl
1 TL Paprikapulver, rosenscharf oder edelsüß
900 ml Gemüsebrühe
Salz, Pfeffer
4 EL Schnittlauch in Röllchen
schwarzer Pfeffer aus der Mühle

1. Die Paprikaschoten waschen und putzen. 1 Schote in Ringe schneiden, den Rest grob hacken. Die Orange auspressen.
2. Die Paprikaringe in den Einlegeboden des Varoma legen. Gehackte Paprikaschoten in den Mixtopf geben, Messbecher aufsetzen und 4 Sekunden/Stufe 5 zerkleinern. Mit dem Spatel nach unten schieben, Öl und Paprikapulver dazugeben und 4 Minuten/100 °C/Stufe 1 andünsten.
3. Die Brühe angießen, den Varoma aufsetzen und alles 10 Minuten/Varoma/Stufe 1 kochen.
4. Den Varoma abnehmen und beiseitestellen. Die Suppe 30 Sekunden/Stufe 5–6 ansteigend fein pürieren. Den Orangensaft mit dem Spatel einrühren, die Suppe mit Salz und Pfeffer abschmecken.
5. Suppe auf 4 Teller verteilen, die Paprikaringe daraufgeben und mit Schnittlauch und Pfeffer bestreut servieren.

TIPP: **Gut geeignet für diese Suppe sind die süßlichen Spitzpaprikaschoten. Diese vertragen auch ein wenig mehr Schärfe, zum Beispiel ½ TL Peperoncino-Gewürz.**

Fenchel-Sahne-Suppe mit Nüssen

Für 4 Portionen • Pro Portion: 345 kcal, 9 g E, 27 g F, 10 g KH

1 Zwiebel
20 g Butter
600 g Fenchel
750 ml Gemüsebrühe
50 g Walnusshälften
300 ml Sahne (15 % Fett)
Salz, Pfeffer
etwas Zitronensaft

1. Die Zwiebel abziehen und vierteln. Die Butter 2 Minuten/85 °C/Stufe 1 im Mixtopf schmelzen lassen. Die Zwiebel dazugeben, den Messbecher aufsetzen und 5 Sekunden/Stufe 5 zerkleinern. Mit dem Spatel nach unten schieben und Zwiebel 3 Minuten/100 °C/Stufe 1 andünsten.
2. In der Zwischenzeit den Fenchel waschen, putzen, halbieren und den Strunk herausschneiden. Das Fenchelgrün abschneiden, fein hacken und beiseitelegen. Die Knollen grob zerschneiden.
3. Den Fenchel in den Mixtopf geben und 3 Sekunden/Stufe 5 zerkleinern. Die Brühe angießen und alles 18 Minuten/100 °C/Stufe 1 linksdrehend kochen.
4. In der Zwischenzeit die Walnusshälften – nach Belieben – in einer beschichteten Pfanne ohne Fett rösten.
5. Die Sahne zur Suppe geben, mit dem Spatel unterrühren und Suppe mit Salz, Pfeffer und Zitronensaft abschmecken. Das Ganze nochmals 2 Minuten/100 °C/Stufe 1 linksdrehend erhitzen.
6. Suppe auf 4 Teller verteilen und mit Fenchelgrün und Walnüssen bestreut servieren.

TIPP 1: **Wenn Sie Ihren Gästen etwas besonders Schönes vorsetzen wollen, dann schlagen Sie 100 ml Sahne steif und bewahren sie während der Kochzeit im Kühlschrank auf. Die Suppe dann nur mit den restlichen 200 ml Sahne binden und die steife Sahne vor dem Servieren auf die Suppe geben.**

TIPP 2: Fisch macht sich gut zur Fenchelsuppe. Sie können ihn, während die Suppe kocht, im Varoma dämpfen. Zum Beispiel 300 g Steinbeißerfilet in 8 Streifen schneiden, mit etwas Zitrone beträufeln und pfeffern. Ein Stück Backpapier für den Einlegeboden zurechtschneiden (die seitlichen Schlitze müssen frei bleiben), den Fisch darauflegen und dann alles zusammen 18 Minuten/Varoma/Stufe 1 linksdrehend zubereiten.

Sellerie-Minze-Suppe mit Brokkoli

Für 4 Portionen • Pro Portion: 89 kcal, 4 g E, 6 g F, 4 g KH

300 g Staudensellerie
200 g Brokkoli
800 ml Gemüsebrühe
2 Stängel Minze
Salz, Pfeffer
1–2 TL Wasabipaste
4 EL Ricotta oder Frischkäse

1. Staudensellerie in Stängel teilen, waschen, putzen und grob zerschneiden. Brokkoli waschen, die Röschen abschneiden, den Stängel schälen und grob zerschneiden.
2. Das Gemüse in den Mixtopf geben, Messbecher aufsetzen und 6 Sekunden/Stufe 5 zerkleinern. Mit dem Spatel nach unten schieben, die Brühe dazugießen und alles 15 Minuten/100 °C/Stufe 1 kochen.
3. Die Minze waschen, trocken schütteln und die Blätter von den Stängeln zupfen.
4. Die Hälfte der Minze nach 10 Minuten Kochzeit durch die Deckelöffnung zum Gemüse geben und mitkochen lassen.
5. Die Suppe 30 Sekunden/Stufe 5–7 ansteigend pürieren und mit Salz, Pfeffer und Wasabipaste nach Belieben abschmecken.
6. Suppe auf 4 Teller verteilen, je 1 EL Ricotta in die Mitte setzen und mit den restlichen Minzeblättern dekoriert servieren.

Zucchini-Kasserolle

Für 4 Portionen • Pro Portion: 367 kcal, 22 g E, 28 g F, 8 g KH

100 g Bergkäse
2 Stangen Lauch (ca. 300 g, geputzt gewogen)
700 g Zucchini
3 EL Rapsöl
6 Eier, Größe M
2 TL Natron
Salz, Pfeffer
2–3 Stängel Petersilie zum Bestreuen

1. Backofen auf 200 °C (Umluft nicht geeignet) vorheizen.
2. Bergkäse in den Mixtopf geben, den Messbecher aufsetzen und 8 Sekunden/Stufe 8 zerkleinern. In eine Schüssel umfüllen und beiseitestellen.
3. Den Lauch putzen, längs aufschlitzen, gründlich waschen und mit viel Grün grob in Stücke schneiden. Die Zucchini putzen, waschen und grob zerschneiden.
4. Den Lauch in den Mixtopf geben, Messbecher aufsetzen und 10 Sekunden/Stufe 5 zerkleinern. Mit dem Spatel nach unten schieben, 2 EL Öl dazugeben und Lauch 3 Minuten/120 °C/Stufe 1 andünsten. Zucchini dazugeben und 5 Sekunden/Stufe 5 zerkleinern.
5. Die Eier in einer Schüssel mit Natron, Salz und Pfeffer verquirlen, in den Mixtopf geben und 10 Sekunden/Stufe 3 linksdrehend untermischen.
6. Eine Auflaufform (etwa 20 x 30 cm) dünn mit dem restlichen Öl bepinseln, die Zucchinimasse einfüllen, den Käse darüberstreuen und den Auflauf 15 Minuten im Ofen backen, bis die Oberfläche goldgelb ist.
7. Den Auflauf 5 Minuten bei abgeschaltetem Backofen ruhen lassen. Die Petersilie waschen, trocken schütteln, die Blätter von den Stängeln zupfen und vor dem Servieren über die Zucchini-Kasserolle streuen.

Sellerie-Rucola-Creme mit Paprika

Für 4 Portionen • Pro Portion: 173 kcal 4 g E, 14 g F, 7 g KH

300 g Staudensellerie
25 g Rucola
1 gelbe Spitzpaprika
1 große Zwiebel
25 g Sonnenblumenkerne
15 g Kokosöl
800 ml Gemüsebrühe
Salz, Pfeffer
1 EL Crema Balsamico
1 EL Leinöl
einige Halme Schnittlauch

1. Staudensellerie in Stängel teilen, waschen, putzen und grob in Stücke schneiden. Rucola waschen, abtropfen lassen und grob zerschneiden. Paprikaschote waschen, putzen, längs 4 breite Streifen abschneiden und in den Varoma legen. Die restliche Paprikaschote grob zerkleinern.
2. Die Zwiebel abziehen, vierteln und mit den Sonnenblumenkernen in den Mixtopf geben. Messbecher aufsetzen und 3 Sekunden/Stufe 5 zerkleinern. Mit dem Spatel nach unten schieben, das Kokosöl dazugeben und 3 Minuten/120 °C/Stufe 1 andünsten.
3. Sellerie, Rucola und Paprikastücke in den Mixtopf geben und 3 Sekunden/Stufe 6 zerkleinern. Die Brühe angießen, den Varoma mit den Paprikastreifen aufsetzen und alles 15 Minuten/Varoma/Stufe 1 garen.
4. Den Varoma abnehmen und die Suppe 40 Sekunden/Stufe 6 pürieren und mit Salz und Pfeffer abschmecken. Zum Anrichten die Suppe auf 4 Teller verteilen, mit Crema Balsamico und Leinöl beträufeln und mit den Paprikastreifen und Schnittlauchhalmen dekoriert servieren.

TIPP: **Wenn von der Suppe etwas übrig bleibt, können Sie sie gut einfrieren. Sie schmeckt aber auch – mit etwas Wasser verdünnt – kalt als Suppendrink.**

Spargel-Mousse

Für 4 Portionen • Pro Portion: 121 kcal, 8 g E, 8 g F, 5 g KH

500 g grüner Spargel
Salz
6 Blatt weiße Gelatine
5 Stängel Zitronenmelisse oder Minze
150 ml saure Sahne
1 EL Meerrettich aus dem Glas
Salz, Pfeffer
30 g Pinienkerne

1. Den Spargel waschen. Im unteren Drittel eventuell schälen und die holzigen Enden abschneiden. Stangen in etwa 4 cm lange Stücke schneiden. In den Mixtopf geben und so viel leicht gesalzenes Wasser einfüllen, dass der Spargel bedeckt ist. 12–15 Minuten (je nach Dicke)/100 °C/Stufe 1 linksdrehend weich kochen.

2. In der Zwischenzeit die Gelatine nach Packungsanleitung in kaltem Wasser einweichen. Die Zitronenmelisse waschen, trocken schütteln und die Blätter von den Stängeln zupfen.
3. Den Spargel durch ein Sieb abgießen, die Köpfchen herausnehmen und beiseitestellen. Den restlichen Spargel mit Zitronenmelisse, saurer Sahne und Meerrettich in den Mixtopf geben, Messbecher aufsetzen und 20 Sekunden/Stufe 5 fein pürieren. Mit Salz und Pfeffer abschmecken.
4. Die tropfnasse Gelatine in einem kleinen Topf bei milder Hitze auflösen. 1 kleine Schöpfkelle der Spargelmasse einrühren und dann alles zusammen in den Mixtopf geben und 8 Sekunden/Stufe 3 verrühren.
5. Creme in kalt ausgespülte Förmchen füllen und mindestens 1 Stunde im Kühlschrank fest werden lassen.
6. Vor dem Servieren die Pinienkerne in einer beschichteten Pfanne ohne Fett goldgelb rösten. Die Spargel-Mousse aus den Formen stürzen, mit den Spargelköpfchen dekorieren und mit den Pinienkernen bestreut servieren.

TIPP 1: **Sie können die Spargel-Mousse auch in einer Kastenform (ca. 25 cm Länge) zubereiten und in Scheiben geschnitten servieren.**

TIPP 2: **Gut passen dazu geräucherte Forellenfilets und die Haferflocken-Brötchen von Seite 59.**

Grüne Gazpacho

Für 4 Portionen • Pro Portion: 291 kcal, 7 g E, 26 g F, 8 g KH

75 g gemahlene Mandeln oder Haselnüsse
1 grüne Paprikaschote
200 g Staudensellerie
1 kleine Salatgurke
1–2 Knoblauchzehen
1 Bio-Limette
2 Fleischtomaten
4 EL Olivenöl
100 ml Wasser
2–3 EL Weißweinessig
10 Eiswürfel
Salz, Pfeffer

1. Die Mandeln in einer beschichteten Pfanne ohne Fett goldgelb rösten und beiseitestellen.
2. Die Paprikaschote waschen, putzen, entkernen und grob zerschneiden. Die Selleriestängel waschen und putzen. Etwa 15 cm vom dünnen Ende eines Stängels in schmale Streifen schneiden und diese zur Dekoration beiseitelegen. Schöne Zweige vom Selleriegrün ebenfalls aufbewahren. Den Rest der Stängel und des Grüns grob hacken.
3. Die Gurke schälen und grob hacken. Die Knoblauchzehen abziehen. Die Limette heiß waschen, 2 TL Schale abreiben und die Frucht auspressen.
4. Die Tomaten waschen, vierteln, die Stielansätze und die Kerne entfernen und das Fruchtfleisch würfeln. ¼ der Tomatenwürfel zum Garnieren beiseitestellen.
5. Alles Gemüse und die Mandeln zusammen mit 2 EL Öl, Wasser, Essig, Limettenschale und -saft und Eiswürfeln 50 Sekunden/Stufe 5–8 ansteigend pürieren.
6. Suppe mit Salz und Pfeffer abschmecken, auf 4 Tellern anrichten und mit den Selleriescheiben- und blättern sowie den Tomatenwürfeln dekorieren. Mit dem restlichen Olivenöl beträufelt sofort servieren.

TIPP: Sie können die Gazpacho natürlich auch vorbereiten und 2–3 Stunden im Kühlschrank durchkühlen lassen. Dann aber vor dem Servieren noch mal mit einigen Eiswürfeln aufmixen.

Tomaten-Paprika-Suppe

Für 4 Portionen • Pro Portion: 112 kcal, 3 g E, 7 g F, 9 g KH

1 Bund Lauchzwiebeln
2 Knoblauchzehen
1 kleine rote Peperonischote (nach Belieben)
250 g rote Paprikaschoten
150 g grüne Paprikaschoten
100 g Zucchini
500 g reife Tomaten
1 EL Olivenöl
500 ml Gemüsebrühe
Salz, Pfeffer
1–2 EL Balsamessig
einige Basilikumblätter

1. Lauchzwiebeln putzen, waschen und grob zerschneiden. Etwas vom dunklen Grün beiseitelegen. Knoblauchzehen schälen. Peperonischote waschen, putzen, längs halbieren und die Kerne entfernen.
2. Paprikaschoten waschen und putzen. Grob in Stücke schneiden. Zucchini waschen, putzen und zerschneiden. Die Tomaten waschen, halbieren und die Stielansätze herausschneiden.
3. Lauchgrün und einige Paprika- und Zucchinistücke in den Mixtopf geben, den Messbecher aufsetzen und 3 Sekunden/Stufe 4 zerkleinern. In eine Schüssel umfüllen und beiseitestellen.
4. Zwiebeln, Knoblauch und Peperoni zusammen mit dem Olivenöl in den Mixtopf geben, Messbecher aufsetzen und 5 Sekunden/Stufe 5 zerkleinern. Mit dem Spatel nach unten schieben. 3 Minuten/120 °C/Stufe 1 andünsten.
5. Das restliche vorbereitete Gemüse und die Brühe in den Mixtopf geben und alles 17 Minuten/100 °C/Stufe 1 kochen. Anschließend 20 Sekunden/Stufe 6 nicht zu fein pürieren. (Messbecher!)

6. Die Suppe mit Salz, Pfeffer und Essig abschmecken, auf 4 Teller verteilen und die vorbereiteten Gemüsestücke in die Mitte geben. Nach Belieben mit Basilikumblättern dekoriert servieren.

TIPP: **Im heißen Sommer können Sie die Suppe auch eisgekühlt reichen. Dafür sollte sie nach dem Abkühlen mindestens 3 Stunden – besser über Nacht – in den Kühlschrank.**

Champignons-Kokos-Creme mit roten Zwiebeln

Für 4 Portionen • Pro Portion: 29 kcal, 7 g E, 19 g F, 6 g KH

2 Schalotten
1 Stück Ingwer (walnussgroß)
1 EL Rapsöl
250 g weiße Champignons
75 g frischer Blattspinat
1 rote Zwiebel
400 ml Kokosmilch, fettreduziert
400 ml Reis- oder Sojamilch
1 getrocknete Chilischote
Salz, Pfeffer

1. Die Schalotten abziehen und halbieren. Den Ingwer schälen und grob hacken. Beides zusammen mit dem Öl in den Mixtopf geben, Messbecher aufsetzen und 5 Sekunden/Stufe 5 zerkleinern. Mit dem Spatel nach unten schieben und den Vorgang eventuell wiederholen, damit der Ingwer sehr fein zerkleinert ist. Schalotten und Ingwer 3 Minuten/120 °C/Stufe 1 andünsten.
2. Die Champignons putzen, mit einer weichen Bürste säubern und in Scheiben schneiden. Auf dem Einlegeboden des Varoma verteilen. Den Spinat waschen, verlesen und die Stiele entfernen. Die rote Zwiebel abziehen, halbieren und in Scheiben schneiden. Beides in den Varoma legen.
3. Kokosmilch und Reismilch mit der ganzen Chilischote in den Mixtopf geben, den Varoma und Varoma-Einlegeboden aufsetzen und das Ganze 20 Minuten/Varoma/Stufe 0,5 garen.
4. Champignons, Spinat und rote Zwiebel aus dem Varoma in den Mixtopf geben und alles zusammen 2 Minuten/100 °C/Rührstufe linksdrehend ziehen lassen. Suppe mit Salz und Pfeffer abschmecken.
5. Die Peperonischote entfernen und die Suppe auf 4 Teller verteilen.

Safrancremesuppe mit Shiitake-Pilzen

Für 2 Portionen • Pro Portion: 250 kcal, 9 g E, 21 g F, 7 g KH

2 Schalotten
1 kleine Stange Lauch
25 g Butter oder Kokosöl
1 Döschen Safran
½ TL Kurkuma
300 ml Gemüsebrühe
250 g Shiitake-Pilze
2 Stängel frischer Koriander oder glatte Petersilie
100 ml Sahne zum Kochen
Salz, Pfeffer

1. Die Schalotten abziehen und halbieren. Den Lauch putzen, die dunkelgrünen Teile abschneiden und zum Beispiel für eine Gemüsesuppe aufbewahren. Den hellen Teil längs aufschlitzen, waschen und grob in Stücke schneiden.
2. 10 g Butter 1 Minute/80 °C/Stufe 1 im Mixtopf schmelzen lassen. Schalotten und Lauch dazugeben und 6 Minuten/Stufe 5 zerkleinern. Mit dem Spatel nach unten schieben und 3 Minuten/100 °C/Stufe 1 andünsten.
3. Safran, Kurkuma und Gemüsebrühe dazugeben und das Gemüse 12 Minuten/100 °C/Stufe 1 weich kochen.
4. Pilze säubern und die Stiele herausknipsen. Die restliche Butter in einer beschichteten Pfanne stark erhitzen und die Pilze unter Rühren kräftig anbraten.
5. Koriander oder Petersilie waschen, trocken schütteln und die Blätter von den Stängeln zupfen.
6. Die Suppe 30 Sekunden/Stufe 5–7 ansteigend fein pürieren, die Sahne dazugeben und 30 Sekunden/100 °C/Stufe 2 verrühren. Suppe mit Salz und Pfeffer abschmecken.
7. Suppe auf 2 Tellern anrichten, die Pilze obenauf geben und Koriander oder Petersilie darüberstreuen.

Geschmorter Rotkohl mit Orangen und Nüssen

Für 2 Portionen als Hauptgericht • Für 4 Portionen als Beilage • Pro Portion als Beilage: 112 kcal, 3 g E, 7 g F, 7 g KH

600 g Rotkohl
1 große Zwiebel
1 EL Rapsöl
2 EL Rotweinessig
200 ml Gemüsebrühe
4 Stängel Thymian
10 g getrocknete Cranberrys
½ Bio-Orange oder -Zitrone
30 g Walnusshälften
Salz, Pfeffer

1. Vom Rotkohl die äußeren Blätter entfernen. Den Kopf waschen, vierteln und den Strunk herausschneiden. Die Blätter grob zerschneiden und in 2 Portionen jeweils 4 Sekunden/Stufe 4 im Mixtopf mithilfe des Spatels zerkleinern und dann in eine Schüssel umfüllen.
2. Die Zwiebel abziehen, vierteln und in den Mixtopf geben. Messbecher aufsetzen und 3 Sekunden/Stufe 5 zerkleinern. Das Öl dazugießen und Zwiebel 3 Minuten/120 °C/Stufe 1 andünsten. Mit dem Rotweinessig ablöschen.
3. Den Rotkohl wieder in den Mixtopf geben und die Gemüsebrühe angießen. Den Thymian waschen, trocken schütteln und die Blättchen gegen die Wuchsrichtung von den Stängeln streifen. Die Hälfte der Blättchen zum Rotkohl geben, den Rest beiseitestellen. Rotkohl 25 Minuten/100 °C/Stufe 1 linksdrehend garen.
4. Die Cranberrys mit dem Spatel unterheben. Die Orange oder Zitrone heiß waschen, die Schale abreiben und die Frucht auspressen. Schale und 50 ml Saft zum Rotkohl geben und alles weitere 5 Minuten/100 °C/Stufe 1 linksdrehend garen.

5. In der Zwischenzeit – nach Belieben – die Walnusshälften in einer beschichteten Pfanne ohne Fett rösten.
6. Den Rotkohl mit Salz und Pfeffer abschmecken, auf 2 Teller verteilen und mit den Walnusshälften und den restlichen Thymianblättchen bestreut servieren.

TIPP: **Einen schönen runden Geschmack bekommt der Rotkohl, wenn Sie zum Schluss noch 2 EL Preiselbeer- , Sauerkirsch- oder Johannisbeergelee unterrühren. Zimt- und Nelkenpulver zaubern zudem weihnachtliches Aroma auf Ihre Rotkohl-Teller.**

INFO: **Rotkohl enthält zwar vergleichsweise viele Kohlenhydrate, punktet aber mit so vielen Ballaststoffen und Vitamin C, dass er gerade in der kalten Jahreszeit unser Immunsystem auf Trab hält. Seine natürlichen Farbstoffe fangen auch freie Radikale ein, was die Zellen vor Alterung und schädlichen Umwelteinflüssen schützt.**

Auberginen-Moussaka

Für 4 Portionen • Pro Portion: 249 kcal, 24 g E, 12 g F, 10 g KH

600 g Auberginen
200 g Zucchini
200 g Kohlrabi
750 ml Wasser
2 Knoblauchzehen
100 g Parmesan
250 g Quark (20 % Fett)
3 Eier, Größe M
2 TL getrockneter Oregano
Salz, Pfeffer
etwas Olivenöl für die Form und zum Bestreichen
frisches Basilikum oder Oregano zum Bestreuen

1. Die Auberginen waschen, putzen, längs in 1 cm dicke Scheiben schneiden und in den Varoma schichten. Zucchini waschen, putzen, längs in ½ cm breite Streifen schneiden und auf dem Einlegeboden des Varoma verteilen. Kohlrabi putzen, schälen, in ½ cm dicke Scheiben schneiden und in das Garkörbchen geben.
2. Wasser in den Mixtopf geben, Garkörbchen einhängen und Varoma aufsetzen. 20 Minuten/Varoma/Rührstufe garen.
3. Den Backofen auf 180 °C (Umluft 160 °C) vorheizen.
4. Varoma und Garkörbchen beiseitestellen, das Wasser ausleeren und den Mixtopf abtrocknen. Die Knoblauchzehen schälen. Den Parmesan grob zerschneiden. Beides in den Mixtopf geben, den Messbecher aufsetzen und 8 Sekunden/Stufe 8 zerkleinern. Mit dem Spatel nach unten schieben und Quark, Eier und Gewürze dazugeben. 10 Sekunden/Stufe 3 verrühren.

5. Eine Auflaufform (zum Beispiel 24 x 24 cm) mit Öl bepinseln und mit Auberginenscheiben belegen. 1 Schicht Kohlrabi und Zucchini darübergeben, dünn mit der Quarkcreme bestreichen und das restliche Gemüse bis auf 4–5 Scheiben Auberginen für die oberste Schicht abwechselnd einschichten. Auf die letzte Schicht die restliche Quarkcreme verstreichen und mit den übrigen Auberginenscheiben belegen.
6. Auberginen dünn mit Öl bepinseln und Auflauf im Ofen 25–30 Minuten backen, bis die Oberfläche goldbraun ist. Dann im abgeschalteten Ofen 5 Minuten ruhen lassen.
7. Basilikum oder Oregano waschen, trocken schütteln, klein hacken und die Moussaka damit bestreut servieren.

Blumenkohl-Reis mit Möhren

Für 2 Portionen • Pro Portion: 155 kcal, 7 g E, 9 g F, 10 g KH

500 g Blumenkohl
150 g Möhren
1 kleine Stange Lauch
1–2 Knoblauchzehen
15 g Kokosöl
150 ml Gemüsebrühe
1 Stängel glatte Petersilie
Salz, Pfeffer
1–2 EL weißer Essig, zum Beispiel Reisessig

1. Blumenkohl putzen, waschen und in Röschen teilen. In 2 Portionen im Mixtopf jeweils 5 Sekunden/Stufe 5 auf etwa Reiskorngröße zerkleinern. In das Garkörbchen geben.
2. Möhren putzen, schälen und grob zerschneiden. Lauch putzen, längs aufschlitzen, gründlich waschen und ebenfalls grob zerschneiden. Die Knoblauchzehen schälen.
3. Lauch in den Mixtopf geben, den Messbecher aufsetzen und 5 Sekunden/Stufe 5 zerkleinern. Mit dem Spatel nach unten schieben, Möhren und Knoblauch dazugeben und weitere 5 Sekunde/Stufe 5 zerkleinern.
4. Das Kokosöl dazugeben und Gemüse 4 Minuten/120 °C/Stufe 2 andünsten. Die Brühe angießen, das Garkörbchen mit dem Blumenkohl einhängen und alles zusammen zugedeckt 18 Minuten/100 °C/Stufe 1 linksdrehend weich dünsten.
5. Die Petersilie waschen, trocken schütteln und die Blätter vom Stängel zupfen.
6. Das Garkörbchen abnehmen, den Blumenkohl mit dem Spatel unter das Möhren-Lauch-Gemisch heben, Gemüse mit Salz, Pfeffer und Essig pikant abschmecken und kurz 3 Sekunden/Stufe 3 durchrühren.
7. Gemüse auf 2 Teller verteilen und mit Petersilie bestreut servieren.

Blumenkohl-Reis als Beilage

Für 4 Portionen • Pro Portion: 53 kcal, 5 g E, 1 g F, 5 g KH

600 g Blumenkohl
Salz
1 TL Fenchelsamen
150 ml Milch
Pfeffer

1. Blumenkohl putzen, waschen und in Röschen teilen. In 2 Portionen im Mixtopf jeweils 5 Sekunden/Stufe 5 auf etwa Reiskorngröße zerkleinern. 500 g davon in das Garkörbchen geben.
2. Salz, Fenchelsamen und Milch zum restlichen Blumenkohl in den Mixtopf geben, das Garkörbchen einhängen und alles 18 Minuten/100 °C/Stufe 2 garen.
3. Garkörbchen abnehmen, Blumenkohlmilch 10 Sekunden/Stufe 5 pürieren und den gedämpften Blumenkohl 5 Sekunden/Stufe 4 linksdrehend unterheben.
4. Blumenkohl-Reis mit Salz und Pfeffer abschmecken und zum Warmhalten im Backofen in eine feuerfeste Schüssel umfüllen.

TIPP: **Blumenkohl-Reis passt – wie normaler Reis auch – zu kurz gebratenem Fleisch, aber auch zu gedämpftem Gemüse, das im Varoma zubereitet werden kann, während der Blumenkohl im Garkörbchen ist.**

Blumenkohl-Kurkuma-Suppe mit Pesto

Für 4 Portionen • Pro Portion: 196 kcal, 5 g E, 17 g F, 7 g KH

500 g Blumenkohl
100 g Topinamburen
1 kleine Zwiebel
1 Knoblauchzehe
2 EL Olivenöl
750 ml Gemüsebrühe
2 EL Zitronensaft
1 gehäufter TL Kurkuma
20 g Pinienkerne
Salz, Pfeffer
4 TL grünes Pesto (aus dem Glas)

1. Den Blumenkohl putzen. Dabei die grünen Blätter und den Strunk sorgfältig entfernen, da beides einen bitteren Geschmack verursachen kann. Blumenkohl in Röschen teilen und waschen. Die Topinamburen schälen und halbieren. Zwiebel und Knoblauch abziehen, Zwiebel vierteln.
2. Zwiebel und Knoblauch mit 1 EL Öl in den Mixtopf geben, den Messbecher aufsetzen und 5 Sekunden/Stufe 5 zerkleinern. Mit dem Spatel nach unten schieben und 3 Minuten /120 °C/Stufe 1 andünsten.
3. Blumenkohl und die Topinamburen dazugeben und 4 Sekunden/Stufe 4,5 zerkleinern. Die Brühe angießen, 1 EL Zitronensaft und Kurkuma in den Mixtopf geben und alles 16 Minuten/100 °C/Stufe 1 zugedeckt kochen. Anschließend 40 Sekunden/Stufe 5 pürieren. (Messbecher nicht vergessen!)
4. Nach Belieben die Pinienkerne in einer beschichteten Pfanne ohne Fett goldgelb rösten.
5. Die Suppe mit Salz, Pfeffer und – nach Belieben – dem restlichen Zitronensaft abschmecken und 10 Sekunden/Stufe 3 durchrühren.

6. Suppe auf 4 tiefe Teller verteilen, je 1 TL Pesto daraufgeben, mit dem restlichen Olivenöl beträufeln und mit den Pinienkernen bestreut servieren.

INFO: Kurkuma ist DAS Geheimrezept, wenn es um Entgiftung geht. Die geplagte Leber, die schmerzenden Gelenke und die entzündete Haut machen Freudensprünge, wenn man das gelbe Pulver in die Suppe rührt. Im Übrigen kommt Kurkuma auch zum Beispiel in der Worcestersauce und im Currypulver vor. Und 1 Prise schwarzer Pfeffer dazu begünstigt die Aufnahme von Kurkuma um ein Vielfaches.

Halloumi-Röstis

Für 8 Stück • Pro Stück: 150 kcal, 8 g E, 12 g F, 3 g KH

2 Knoblauchzehen
150 ml Joghurt
Salz
1 rote Paprikaschote
4 Stängel glatte Petersilie oder Dill
225 g Halloumi
2 Eier, Größe M
Pfeffer
1 TL Paprikapulver, rosenscharf oder edelsüß
2 EL Rapsöl

1. Die Knoblauchzehen schälen, in den Mixtopf geben, Messbecher aufsetzen und 3 Sekunden/Stufe 5 zerkleinern. Joghurt und Salz dazugeben und 10 Sekunden/Stufe 5 mixen. Joghurtcreme in eine Schüssel umfüllen und beiseitestellen.
2. Den Backofen auf 100 °C (Umluft 80 °C) vorheizen.
3. Paprikaschote waschen, putzen und grob zerschneiden. Petersilie waschen, trocken schütteln und die Blätter von den Stängeln zupfen. Einige Blätter beiseitelegen. Den Halloumi auspacken und grob zerschneiden.
4. Paprika, Petersilie, Halloumi, Eier und Gewürze in den Mixtopf geben und 6 Sekunden/Stufe 5 zerkleinern.
5. 1 EL Öl in einer großen beschichteten Pfanne erhitzen. Aus der Hälfte der Paprika-Halloumi-Masse mit einem Löffel 4 Röstis in die Pfanne geben, flach drücken und von jeder Seite 2 Minuten knusprig braten. Im Backofen warm halten und aus der übrigen Masse mit dem restlichen Öl weitere 4 Röstis braten.
6. Röstis auf einem Teller anrichten. Knoblauch-Joghurt darübergeben und mit der restlichen Petersilie bestreut servieren.

TIPP 1: **Die Röstis können heiß oder kalt genascht werden. Es eignet sich auch anderes kohlenhydratarmes Gemüse, zum Beispiel 250 g Zucchini oder 250 g junger Spinat.**

Zucchini-Omelett-Torte

Für 4 Portionen • Pro Portion: 319 kcal, 24 g E, 18 g F, 10 g KH

4 Kokosmehl-Pfannkuchen (Rezept Seite 82)

Für die Füllung:
2 Frühlingszwiebeln
1 Knoblauchzehe
10 Stängel glatte Petersilie
100 g Gouda
200 g Zucchini
250 g Frischkäse
Salz, Pfeffer
etwas geriebene Muskatnuss
etwas Fett für die Form

1. Den Backofen auf 180 °C (Umluft 160 °C) vorheizen.
2. Die Frühlingszwiebeln putzen, waschen und grob zerschneiden. Die Knoblauchzehe schälen. Die Petersilie waschen, trocken schütteln und die Blätter von den Stängeln zupfen. Den Käse würfeln. Alles in den Mixtopf geben, den Messbecher aufsetzen und 6 Sekunden/Stufe 8 zerkleinern.
3. Die Zucchini waschen, putzen und grob zerschneiden. Zusammen mit dem Frischkäse und den Gewürzen in den Mixtopf geben, Messbecher wieder aufsetzen und 4 Sekunden/Stufe 5 zerkleinern und vermischen.
4. Eine Springform (ca. 20 cm Durchmesser) einfetten und abwechselnd Pfannkuchen und Füllung darin aufschichten. Omelett-Torte mit Alufolie abdecken und im Ofen 30 Minuten backen. Die letzten 10 Minuten die Alufolie entfernen, damit die Oberfläche etwas Farbe annehmen kann.
5. Im abgeschalteten Backofen noch 5 Minuten ruhen lassen, dann Torte aus der Springform lösen und nach Belieben mit Salat nach der Saison servieren.

Weißkohl-Mandelmilch-Suppe mit Brokkoli

Für 4 Portionen • Pro Portion: 155 kcal, 7 g E, 9 g F, 10 g KH

400 g Weißkohl
250 g Brokkoli
1 große Zwiebel
1 EL Olivenöl
400 ml Wasser
400 ml Mandeldrink ungesüßt
2 Fleischtomaten
4 Stängel krause Petersilie
30 g Mandelblättchen
Salz, Pfeffer

1. Den Weißkohl putzen, waschen, den Strunk herausschneiden und die Blätter grob hacken. Den Brokkoli putzen, waschen und die Röschen in mundgerechten Stücken abschneiden. Den Strunk grob zerkleinern. Die Zwiebel abziehen und vierteln.
2. Brokkolistrünke in den Mixtopf geben, den Messbecher aufsetzen und 4 Sekunden/Stufe 5 zerkleinern. In den Varoma umfüllen und die Brokkoli-Röschen dazulegen.
3. Zwiebel mit dem Öl in den Mixtopf geben, Messbecher aufsetzen und 5 Sekunden/Stufe 5 zerkleinern. Mit dem Spatel nach unten schieben und 3 Minuten/120 °C/Stufe 1 andünsten.
4. Den Weißkohl (eventuell in 2 Portionen) dazugeben und mithilfe des Spatels jeweils 4 Sekunden/Stufe 5 zerkleinern.
5. Wasser und Mandeldrink dazugießen, den Varoma aufsetzen und das Ganze 20 Minuten/Varoma/Stufe 2 kochen.
6. Die Tomaten waschen, vierteln, die Stielansätze herausschneiden und die Kerne entfernen. Das Fruchtfleisch würfeln. Die Petersilie waschen, trocken schütteln und die Blätter von den Stängeln zupfen.

7. Nach Belieben die Mandelblättchen in einer beschichteten Pfanne ohne Fett goldgelb rösten.
8. Den Varoma abnehmen und beiseitestellen. Die Suppe 40 Sekunden/Stufe 6–8 ansteigend fein pürieren und mit Salz und Pfeffer abschmecken.
9. Brokkoli, Tomatenwürfel und Petersilie in die Suppe geben und 20 Sekunden/Stufe 3 linksdrehend vermischen. (Messbecher! Es kann spritzen!)
10. Suppe auf 4 Teller verteilen und mit den Mandelblättchen bestreut servieren.

Weißkohl-Topinambur-Suppe mit Cashewpesto

Für 4 Portionen • Pro Portion: 236 kcal, 7 g E, 17 g F, 10 g KH
Pro EL Pesto: 124 kcal, 4 g E, 9 g F, 3 g KH

Für das Pesto:
1 Knoblauchzehe
50 g Cashewkerne
50 g Parmesan oder Pecorino
100 g glatte Petersilie
50 ml Olivenöl
Salz, Pfeffer
etwas Zitronensaft

Für die Suppe:
300 g Weißkohl
200 g Topinamburen
1 Zwiebel
1 Knoblauchzehe
1 EL Olivenöl
800 ml Gemüsebrühe
Salz, Pfeffer

1. Knoblauchzehe abziehen und mit den Cashewkernen und dem Käse in den Mixtopf geben. Messbecher aufsetzen und 10 Sekunden/Stufe 9 zerkleinern. Petersilie waschen, trocken schütteln, die Blätter von den Stängeln zupfen und mit dem Olivenöl in den Mixtopf geben und alles weitere 10 Sekunden/Stufe 8 fein mixen.
2. Pesto mit Salz, Pfeffer und Zitronensaft pikant abschmecken und in eine kleine Schüssel umfüllen. Der Mixtopf muss nicht gespült werden, die Pestoreste machen sich gut in der Suppe.

3. Weißkohl putzen, waschen, den Strunk herausschneiden, die Blätter grob hacken und in den Varoma legen. Die Topinamburen schälen, waschen und in mundgerechte Stücke schneiden. (Ganz junge Topinamburen haben eine hauchdünne Schale – sie müssen nicht geschält, nur gewaschen werden.)
4. Zwiebel abziehen und vierteln. Die Knoblauchzehe schälen. Beides mit dem Öl in den Mixtopf geben, Messbecher aufsetzen und 5 Sekunden/Stufe 5 zerkleinern. Mit dem Spatel nach unten schieben und 3 Minuten/120 °C/Stufe 1 andünsten.
5. Topinamburen und Brühe in den Mixtopf geben, den Varoma mit dem Weißkohl aufsetzen und das Ganze 20 Minuten/Varoma/Stufe 1 linksdrehend kochen. Den Varoma abnehmen und beiseitestellen. Die Suppe mit Salz und Pfeffer abschmecken.
6. Den gedämpften Kohl auf 4 Teller verteilen, mit der Suppe begießen und je 1 EL Pesto obenauf setzen.

TIPP 1: **Die Zutaten für das Pesto reichen für 8 EL. Wenn Sie nicht alles aufessen, können Sie den Rest bis zu 2 Wochen im Schraubglas im Kühlschrank aufbewahren. Dabei die Oberfläche mit etwas Öl bedecken. Dieses Pesto schmeckt auch zu anderen Gemüsesuppen sehr gut.**

TIPP 2: **Statt der Petersilie können Sie auch 80 g frische Minze für das Pesto verwenden. Das gibt einen intensiv-frischen Geschmack.**

Topinambur-Reibekuchen

Für 8 Stück • Pro Stück: 106 kcal, 9 g E, 7 g F, 5 g KH

200 g Topinamburen
1–2 Knoblauchzehen
100 g Leinmehl
2 EL Haferkleie
200 ml Milch
2 Eier, Größe M
10 g frische Hefe
1 Prise Zucker
Salz
2 EL Rapsöl

1. Topinamburen schälen, waschen und grob zerkleinern. Die Knoblauchzehen schälen. Beides in den Mixtopf geben, Messbecher aufsetzen und 10 Sekunden/Stufe 5 zerkleinern.
2. Mehl, Haferkleie, Milch, Eier, Hefe und je 1 Prise Zucker und Salz dazugeben und alles in 15 Sekunden/Stufe 3 zu einem Teig verarbeiten. In eine Schüssel umfüllen und 30 Minuten zugedeckt gehen lassen.
3. 1 EL Öl in einer beschichteten großen Pfanne mild erhitzen und mit einer kleinen Kelle 4 Reibekuchen hineingeben. Von beiden Seiten knusprig backen. Mit dem restlichen Teig ebenso verfahren. Reibekuchen heiß oder kalt als Snack oder auf einem Salat genießen.

TIPP: **Dazu passt gut eine Kräutersauce aus zum Beispiel 200 ml Schmand und ½ Pck. gehackten TK-Kräutern nach Wahl.**

INFO: **Topinamburen enthalten viel weniger Stärke als Kartoffeln. Wir geben dem Teig daher mit etwas Kleie und der Hefe mehr Festigkeit. Auch zu heißes Backen würde den empfindlichen Teig zu schnell verbrennen.**

Wurzelgemüse-Eintopf

Für 4 Portionen • Pro Portion: 150 kcal, 4 g E, 8 g F, 13 g KH
Ohne Mais: 116 kcal, 3 g E, 7 g F, 9 g KH

1 Bund Lauchzwiebeln
2 Knoblauchzehen
1 EL Rapsöl
100 g Rote Bete
100 g Möhren
100 g Pastinaken oder Petersilienwurzeln
150 g Kohlrabi
800 ml Gemüse- oder Fleischbrühe
1 kleine Dose Mais (140 g Abtropfgewicht) nach Belieben
Salz, Pfeffer

1. Die Lauchzwiebeln putzen, abziehen und mit viel Grün grob in Stücke schneiden. Die Knoblauchzehen schälen. Lauchzwiebeln und Knoblauch mit dem Öl in den Mixtopf geben, Messbecher aufsetzen und 5 Sekunden/Stufe 5 zerkleinern. Mit dem Spatel nach unten schieben und 3 Minuten/120 °C/Stufe 1 andünsten.
2. In der Zwischenzeit die Roten Beten, Möhren, Pastinaken und den Kohlrabi putzen, schälen, waschen und grob würfeln.
3. Das vorbereitete Gemüse mit der Gemüsebrühe in den Mixtopf geben und 18 Minuten/100 °C/Stufe 1 weich kochen.
4. Den Mais in den Mixtopf geben und alles weitere 2 Minuten/100 °C/Stufe 1 kochen. Eintopf mit Salz und Pfeffer abschmecken und gleich auf 4 Teller verteilen.

TIPP 1: **Sie können auch eine cremige Suppenvariante machen, indem Sie den Eintopf 40 Sekunden/Stufe 5–7 ansteigend pürieren, bevor Sie den Mais dazugeben. (Messbecher nicht vergessen! Es spritzt!)**

TIPP 2: **Gut passt etwas Meerrettich aus dem Glas, den Sie getrennt dazu reichen oder gleich – etwa 1 TL pro Portion – mit dem Mais dazugeben können.**

Herzhaft: Fleisch und Wurst

Vegetarier und Veganer werden es nicht so gut finden, aber Fleisch spielt in der Low-Carb-Ernährung eine große Rolle. Denn es enthält sehr viel Eiweiß bei praktisch keinem Kohlenhydratgehalt. Was man von den meisten vegetarischen Eiweißträgern nicht behaupten kann. Wir geben Ihnen hier nur ein paar Anregungen, wie Sie auch mit Fleisch oder Wurst in Ihrem Thermomix® kochen können. Meistens wird es aber besser sein, Gemüse im Thermomix® oder im Varoma zuzubereiten und ein Steak oder anderes Filet dazu separat in der Pfanne zu braten.

Ragouts und Currys gelingen allerdings wunderbar im Mixtopf und Geflügel kann man gut im Varoma dämpfen. Für fein zerkleinertes Fleisch, wie es für Terrinen gebraucht wird, haben wir ebenfalls eine Anregung für Sie.

Chicorée-Eintopf mit Mettwurst

Für 4 Portionen • Pro Portion: 328 kcal, 13 g E, 28 g F, 7 g KH

600 g Chicorée
200 g Mettwurst
4 Lauchzwiebeln
1 EL Rapsöl
500 ml Gemüse- oder Fleischbrühe
100 ml Sahne zum Kochen
Salz, Pfeffer

1. Die äußeren Blätter des Chicorée entfernen, den Rest waschen, längs halbieren und eventuell die Strünke keilförmig herausschneiden – sie enthalten die meisten Bitterstoffe, die aber sehr gesund sind. Chicorée in Streifen schneiden und in den Varoma legen.
2. Die Mettwurst in dünne Scheiben schneiden und in den Einlegeboden des Varoma legen.
3. Die Lauchzwiebeln putzen, waschen und grob zerschneiden. Etwas vom dunklen Grün in Ringe schneiden und zur Dekoration beiseitestellen.
4. Zwiebeln mit dem Rapsöl in den Mixtopf geben, Messbecher aufsetzen und 5 Sekunden/Stufe 5 zerkleinern. Mit dem Spatel nach unten schieben und 3 Minuten/120 °C/Stufe 1 andünsten.
5. Die Brühe dazugeben, den Varoma und den Einlegeboden aufsetzen und alles 15 Minuten/Varoma/Stufe 0,5 garen.
6. Chicorée und Mettwurst aus dem Varoma mit der Sahne in den Mixtopf geben und 10 Sekunden/Stufe 3 linksdrehend zugedeckt vermischen.
7. Eintopf mit Salz und Pfeffer abschmecken, auf 4 Teller verteilen und mit dem Zwiebelgrün bestreut servieren.

Gulaschsuppe mit Gemüse

4 Portionen • Pro Portion: 259 kcal, 24 g E, 13 g F, 10 g KH

1 große Zwiebel
2 Knoblauchzehen
1 rote Peperonischote (nach Belieben)
1 EL Rapsöl
800 ml Gemüse- oder Fleischbrühe
400 g Rinds- oder Schweinegulasch
2 EL Paprikapulver edelsüß (nach Belieben einen Teil davon rosenscharf)
1 rote Paprikaschote
100 g Rispentomaten
100 g Möhren
200 g Topinamburen (ersatzweise Kartoffeln)
4 Stängel glatte Petersilie
Salz, Pfeffer

1. Die Zwiebel abziehen und vierteln. Knoblauchzehen schälen. Peperonischote waschen, längs aufschlitzen, Kerne entfernen und Schote vierteln. Zwiebel, Knoblauch und Peperoni mit dem Rapsöl in den Mixtopf geben, Messbecher aufsetzen und 5 Sekunden/Stufe 5 zerkleinern. Mit dem Spatel nach unten schieben und 3 Minuten/120 °C/Stufe 1 andünsten.
2. 100 ml Brühe angießen und alles 10 Sekunden/Stufe 6 pürieren. Fleisch und Paprikapulver dazugeben und 5 Minuten/120 °C/Stufe 1 linksdrehend andünsten. Mit der restlichen Brühe aufgießen und Suppe 30 Minuten/90 °C/Rührstufe linksdrehend sanft garen.
3. In der Zwischenzeit die Paprikaschote waschen, putzen und in Rauten schneiden. Die Tomaten waschen, halbieren, Stielansätze und Kerne entfernen und das Fruchtfleisch klein schneiden. Möhren und Topinamburen putzen, schälen, waschen und würfeln.
4. Das vorbereitete Gemüse zur Suppe geben und weitere 18–20 Minuten/100 °C/ Rührstufe linksdrehend weich kochen.

5. Die Petersilie waschen, trocken schütteln und die Blätter von den Stängeln zupfen.

6. Die Suppe mit Salz und Pfeffer abschmecken und mit der Petersilie bestreut servieren.

INFO: **Topinambur, auch Jerusalem-Artischocke genannt, fand lange Zeit nur in den Schnapsbrennereien Verwendung. Jetzt bekommt man die bizarren Knollen immer häufiger auch in den Supermärkten. Sie schmecken leicht süßlich und nussig und werden wie Kartoffeln verarbeitet. In der Low-Carb-Ernährung spielt die »Diabetiker-Kartoffel« eine immer größere Rolle.**

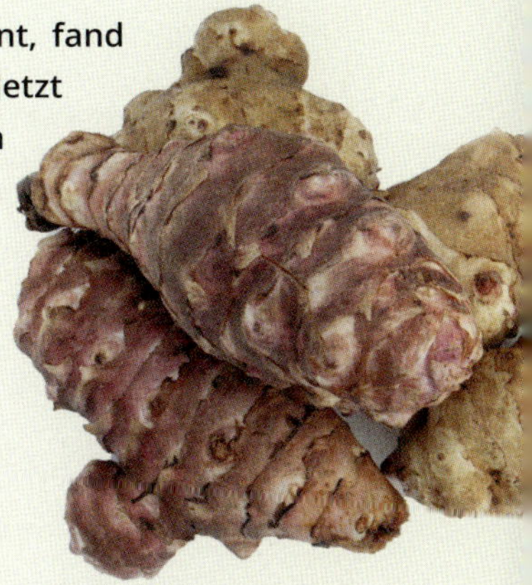

TIPP: **Wenn die Suppe doch mal zu scharf geworden ist, hilft 1 EL saure Sahne obenauf.**

Hähnchengeschnetzeltes mit Pilzen und Tomaten

Für 2 Portionen • Pro Portion: 288 kcal, 35 g E, 14 g F, 5 g KH

250 g Hähnchenbrust
150 g Pilze (z. B. Shiitake, Pfifferlinge oder Champignons)
1 kleine rote Zwiebel
15 g Kokosöl
1 gehäufter TL Paprikapulver, rosenscharf oder edelsüß
250 ml Gemüsebrühe
2 Stängel krause Petersilie
100 g Cocktailtomaten
1 TL Guarkernmehl
50 ml Sahne zum Kochen
Salz, Pfeffer

1. Die Hähnchenbrust in etwa 1,5 cm große Würfel schneiden. Die Pilze putzen und mit Küchenkrepp abreiben. Größere Exemplare halbieren oder vierteln. Abgeschnittene, saubere Stiele können verwendet werden. Fleisch in das Garkörbchen geben und die Pilzköpfchen obenauf legen.
2. Die Zwiebel abziehen und vierteln. In den Mixtopf geben, eventuell vorhandene Pilzstiele dazugeben, Messbecher aufsetzen und 5 Sekunden/Stufe 5 zerkleinern. Mit dem Spatel nach unten schieben, Kokosöl und Paprikapulver dazugeben und 3 Minuten/120 °C/Stufe 1 andünsten.
3. Die Brühe dazugießen, das Garkörbchen aufsetzen und das Ganze zugedeckt 16 Minuten/100 °C/Stufe 0,5 garen.
4. In der Zwischenzeit die Petersilie waschen, trocken schütteln und die Blätter von den Stielen zupfen. Die Tomaten waschen und vierteln.

5. Das Garkörbchen abnehmen und beiseitestellen. Guarkernmehl in den Mixtopf streuen und 30 Sekunden/100 °C/Stufe 3 einrühren. Pilze, Hähnchenfleisch (mit einer Gabel auseinanderzupfen, da die Stücke durch das ausgetretene Eiweiß etwas zusammenkleben), Tomaten und Sahne in die Sauce geben und alles zusammen 3 Minuten/100 °C/Stufe 0,5 linksdrehend vermischen und erhitzen.
6. Geschnetzeltes mit Salz und Pfeffer abschmecken, auf 2 Teller verteilen und mit Petersilie garniert servieren.

Hähnchencurry mit Paprika

Für 2 Portionen • Pro Portion: 444 kcal, 40 g E, 27 g F, 10 g KH

100 g Zucchini
1 Stück Ingwer (walnussgroß)
2 Lauchzwiebeln
2 Hähnchenbrustfilets (à ca. 150 g)
20 g Kokosöl
1 EL mildes Madras-Currypulver
200 ml Kokosmilch, fettreduziert
100 ml Geflügelfond
je 1 kleine rote und grüne Paprikaschote
½ Bio-Limette
Salz, Pfeffer

1. Zucchini waschen, putzen und in 1,5 cm breite Scheiben schneiden. Ingwer schälen, Lauchzwiebeln putzen, waschen und grob zerschneiden. Die Hähnchenbrustfilets in 1,5 cm breite Scheiben schneiden.
2. Ingwer und Lauchzwiebeln in den Mixtopf geben, den Messbecher aufsetzen und 5 Sekunden/Stufe 5 zerkleinern. Mit dem Spatel nach unten schieben und den Vorgang wiederholen. Öl und Currypulver dazugeben und alles 3 Minuten/120 °C/Stufe 1 andünsten.
3. Fleisch, Kokosmilch und Geflügelfond in den Mixtopf geben und zugedeckt 25 Minuten/90 °C/Stufe 1 linksdrehend garen.
4. Die Paprikaschoten waschen, putzen, in schmale Spalten schneiden und in den Varoma legen.
5. Die Zucchinischeiben in den Mixtopf geben, den Varoma aufsetzen und alles weitere 7 Minuten/90 °C/Stufe 1 linksdrehend garen. Das Gemüse soll recht knackig bleiben. Den Varoma absetzen und beiseitestellen.
6. Die Limette heiß waschen, 1 TL Schale abreiben und die ½ Frucht auspressen.

7. Die Limettenschale in den Mixtopf geben und mit dem Spatel unterheben und das Gericht mit Salz, Pfeffer und Limettensaft pikant abschmecken.
8. Curry auf 2 Teller verteilen und die Paprikastreifen obenauf geben.

TIPP: **Im Frühjahr, wenn frische Erbsen zu bekommen sind, können Sie 300 g Erbsen palen und mit den Zucchinischeiben oder statt der Zucchinischeiben zum Hähnchencurry geben.**

Grünes Thai-Hähnchencurry mit Auberginen

Für 4 Portionen • Pro Portion: 260 kcal, 20 g E, 16 g F, 8 g KH

2 Schalotten
2 Knoblauchzehen
1 rote Chilischote nach Belieben
1 Stängel Zitronengras
1 Stück Ingwer (walnussgroß)
1 EL Rapsöl
300 g grüne Thai-Auberginen
2 EL grüne Currypaste (Asienladen)
4 Kaffirlimettenblätter (Asienladen)
300 ml Kokosmilch, fettreduziert
400 ml Gemüse- oder Hühnerbrühe
300 g Hähnchenbrustfilet
1–2 EL Fischsauce oder helle Sojasauce
Salz

1. Schalotten abziehen und halbieren. Die Knoblauchzehen schälen. Chilischote waschen, längs aufschlitzen, die Kerne und den Stiel entfernen. Die äußeren, harten Blätter vom Zitronengras entfernen und das weiche, weiße Fruchtfleisch grob zerschneiden. Den Ingwer schälen und halbieren.
2. Schalotten, Knoblauch, Chilischote (nach Belieben), Zitronengras und Ingwer mit dem Öl in den Mixtopf geben, Messbecher aufsetzen und 5 Sekunden/Stufe 5 zerkleinern. Mit dem Spatel nach unten schieben und den Vorgang wiederholen. Anschließend alles 4 Minuten/100 °C/Stufe 1 andünsten.
3. Die Auberginen waschen, putzen und in mundgerechte Würfel schneiden. Zusammen mit der Currypaste und den Limettenblättern in den Mixtopf geben, Kokosmilch und Brühe angießen.

4. Die Hähnchenbrustfilets quer in etwa 1 cm breite Streifen schneiden. Den Einlegeboden des Varoma mit Back- oder Pergamentpapier so auslegen, dass die seitlichen Schlitze für die Dampfzirkulation frei bleiben. Die Hähnchenstreifen darauf verteilen, den Varoma aufsetzen und das Ganze 20 Minuten/Varoma/Stufe 1,5 linksdrehend garen.
5. Den Varoma abnehmen, die Hähnchenstreifen zum Curry geben und mit dem Spatel unterrühren.
6. Curry mit Fischsauce und Salz abschmecken, auf 4 Teller verteilen und die Limettenblätter zur Dekoration in die Mitte geben.

INFO 1: **Es gibt nicht nur die glänzenden violetten Exemplare. Auberginen sind gern auch mal weiß, hellviolett oder gestreift. Die thailändischen sind grün-weiß gestreift, kugelrund und kommen ins grüne Curry, wo sie für eine gewisse Schärfe sorgen. Egal, welche Sorte Sie bekommen: Auberginen haben immer nur 17 kcal/100 g und enthalten Folsäure, Mangan und Flavonoide. Das ist gut für den Cholesterinspiegel und auch gut fürs Abnehmen.**

INFO 2: **Auch die Kaffirlimetten mit ihrer runzeligen Schale kommen aus Asien. Sie geben wenig Saft – meist werden nur Schale und Blätter verwendet, um den Gerichten ein feines Zitrusaroma zu verleihen.**

Geflügelterrine

Für ca. 12 Scheiben • Pro Scheibe: 252 kcal, 15 g E, 20 g F, 4 g KH

500 g Hühnerbrustfilet
500 ml Schlagsahne
200 g Möhren
100 g Essiggurken
2 Eiweiße
150 g ganze, geschälte Mandeln
1 Bio-Zitrone
Salz, Pfeffer
4 Stängel glatte Petersilie oder Thymian

1. Die Hühnerbrust in Scheiben schneiden und für 1 Stunde in das Gefrierfach legen. (Sie lässt sich dann besser im Thermomix® zerkleinern.) Die Sahne ebenfalls ins Gefrierfach geben.
2. Den Backofen auf 180 °C (Umluft 160 °C) vorheizen.
3. Die Möhren putzen, schälen und in Scheiben schneiden. Die Essiggurken ebenfalls in Scheiben schneiden.
4. Das eisgekühlte (nicht gefrorene!) Fleisch mit dem Eiweiß, der eisgekühlten Sahne und den Mandeln in den Mixtopf geben, Messbecher aufsetzen und 12 Sekunden/Stufe 6 zerkleinern.
5. Die Zitrone waschen, 1 EL Schale abreiben und die Frucht auspressen. Die Terrinenmasse mit Zitronenschale und -saft sowie Salz und Pfeffer würzen. Die Möhren- und Gurkenscheiben mit dem Spatel unterheben.
6. Fleisch-Gemüse-Masse in eine Kasten- oder Terrinenform (ca. 24 cm Länge) füllen und diese in eine mit heißem Wasser gefüllte Kasserolle stellen. Terrine im Ofen 1 Stunde garen. Dann abkühlen lassen und aus der Form stürzen.
7. Vor dem Servieren Petersilie oder Thymian waschen, trocken schütteln, die Blätter von den Stängeln zupfen und die Terrine damit bestreuen.

TIPP: **Sie können die Terrine nach Belieben mit Pistazien, Zimt (Weihnachten) oder getrockneten Aprikosen (Achtung Carbs!) variieren.**

Hähnchen-Roulade mit Brokkoli

Für 2 Portionen • Pro Portion: 320 kcal, 45 g E, 11 g F, 9 g KH

2 Hähnchenbrustfilets
Salz, Pfeffer
200 g Brokkoli
75 g Frischkäse
½ TL gemahlener Koriander
150 g Möhren
750 ml Wasser
75 g junger Spinat (oder grüne Salatmischung)
2 EL weißer Essig
1 EL Olivenöl

1. Die Hähnchenbrustfilets mit einem scharfen Messer längs einschneiden, ausbreiten und behutsam plattieren. Mit Salz und Pfeffer würzen.
2. Brokkoli waschen, in Stücke teilen, in den Mixtopf geben, Messbecher aufsetzen und 5 Sekunden/Stufe 5 zerkleinern. Mit dem Spatel nach unten schieben, den Frischkäse dazugeben und 3 Sekunden/Stufe 4 verrühren.
3. Brokkoli-Frischkäse-Masse mit Salz, Pfeffer und Koriander würzen, auf das Fleisch streichen. Filets aufrollen und mit Zahnstochern fixieren. In den Varoma legen.
4. Die Möhren putzen, schälen, in Scheiben schneiden und in das Garkörbchen geben.
5. Wasser in den Mixtopf füllen, Garkörbchen einhängen, Varoma aufsetzen und das Ganze 20 Minuten/Rührstufe garen.
6. In der Zwischenzeit den Spinat oder Salat waschen und gut abtropfen lassen. Aus Essig, Olivenöl, Salz und Pfeffer in einer Schüssel mit dem Schneebesen eine Marinade rühren und den Salat darin wenden.
7. Die Rouladen aus dem Varoma nehmen, die Zahnstocher entfernen und das Fleisch mit einem scharfen Messer in Scheiben schneiden. Fleisch auf 2 Tellern anrichten und Salat und Möhren danebensetzen.

Fisch in Suppe und Dampf

Magere Fische aus Fluss und Meer sind beliebt bei allen Abnehmwilligen. Dabei sind die fetten Edel-Kalorien von Thunfisch, Lachs, Makrele und Hering ganz besonders gesund und in der Low-Carb-Ernährung durchaus erwünscht. Fetter Fisch enthält die mehrfach ungesättigten Omega-3-Fettsäuren, die sonst nur noch in Leinsamen, Walnüssen, Raps, Soja und deren Ölen vorkommen. Sie schützen Herz und Kreislauf und helfen Übergewicht vorzubeugen. Um hochwertige Fette in einem ausgewogenen Verhältnis zu essen, bereiten Sie Fisch immer mit Olivenöl zu, Fleisch hingegen möglichst mit Rapsöl.

Kokos-Zucchini-Suppe mit Thunfisch

Für 2 Portionen • Pro Portion: 332 kcal, 37 g E, 16 g F, 10 g KH

300 g Thunfischfilet
2 EL Limettensaft
1 Stück Ingwer (walnussgroß)
½ rote Chilischote
200 ml Kokosmilch, fettreduziert
200 ml Fischfond oder Gemüsebrühe
150 g Zucchini
150 g Fleischtomaten
2 Stängel Koriander oder glatte Petersilie
Salz, Pfeffer

1. Den Thunfisch waschen, trocken tupfen, in mundgerechte Stücke schneiden und mit 1 EL Limettensaft beträufeln. Zugedeckt ziehen lassen.
2. Ingwer schälen. Chilischote waschen, putzen, die Kerne entfernen und grob zerschneiden. Beides in den Mixtopf geben, Messbecher aufsetzen und 3 Sekunden/Stufe 5 zerkleinern. Mit dem Spatel nach unten schieben und den Vorgang wiederholen.
3. Kokosmilch und Fischfond dazugießen. Den Thunfisch in den Varoma legen und 10 Minuten/Varoma/Stufe 1 dämpfen.
4. Die Zucchini waschen, putzen und in 1 cm dicke Scheiben schneiden. Die Tomaten waschen, halbieren, Stilansätze und Kerne entfernen und Fruchtfleisch würfeln. Tomaten und Zucchini in die Suppe geben (den Varoma wieder aufsetzen) und alles zusammen 5 Minuten/100 °C/Stufe 1 linksdrehend kochen.
5. Den Koriander waschen, trocken schütteln und die Blätter von den Stängeln zupfen.
6. Die Suppe mit Salz, Pfeffer und dem restlichen Limettensaft abschmecken.
7. Den Thunfisch auf 2 tiefe Teller verteilen, mit der Suppe begießen und mit Koriander bestreut servieren.

Fischsuppe nach provenzalischer Art

Für 4 Portionen • Pro Portion: 199 kcal, 27 g E, 6 g F, 8 g KH

600 g gemischtes Fischfilet (z. B. Steinbeißer, Seelachs und Seeteufel)
1 EL Zitronensaft
2 Schalotten
2 Knoblauchzehen
1 EL Olivenöl
100 g Staudensellerie
100 g Möhren
800 ml Gemüsebrühe oder Fischfond
1 TL Fenchelsamen
2 Döschen Safranfäden
1 Dose geschälte Tomaten (400 g Abtropfgewicht)
1 Bio-Orange
Salz, Pfeffer
2 Stängel glatte Petersilie

1. Die Fischfilets unter fließend kaltem Wasser abspülen, trocken tupfen und in mundgerechte Stücke schneiden. Mit Zitronensaft beträufeln und zugedeckt beiseitestellen.
2. Die Schalotten abziehen und halbieren. Die Knoblauchzehen schälen. Beides mit dem Olivenöl in den Mixtopf geben, den Messbecher aufsetzen und 5 Sekunden/Stufe 5 zerkleinern. Mit dem Spatel nach unten schieben und 3 Minuten/120 °C/Stufe 1 andünsten.
3. Staudensellerie putzen, waschen und zerteilen. (Äußere Stängel eventuell dünn abschälen.) Die Möhren putzen, schälen und grob in Stücke schneiden.
4. Das vorbereitete Gemüse in den Mixtopf geben, Brühe, Fenchelsamen und Safranfäden dazugeben und Gemüse 20 Minuten/100 °C/Stufe 1 weich kochen.

5. Die Tomaten aus der Dose dazugeben und Suppe 40 Sekunden/Stufe 5–8 ansteigend fein pürieren. (Eventuell 1 Tomate in feine Streifen schneiden und erst nach dem Pürieren in die Suppe geben.)
6. Die Orange heiß abwaschen und 2 EL Schale abreiben. Die Frucht auspressen.
7. Die Orangenschale in den Mixtopf geben und mit dem Spatel unterheben. Suppe mit Orangensaft, Salz und Pfeffer abschmecken. Die Fischstücke in den Mixtopf geben und alles 4 Minuten/80 °C/Stufe 0,5 linksdrehend sanft garen lassen.
8. Die Petersilie waschen, trocken schütteln und die Blätter von den Stielen zupfen.
9. Die Suppe auf 4 Teller verteilen und mit Petersilie bestreut servieren.

Sellerie-Muschel-Suppe

Für 4 Portionen • Pro Portion: 285 kcal, 13 g E, 23 g F, 7 g KH

1 kg Miesmuscheln
1 TL Anissamen
3 Schalotten
200 g Staudensellerie
2 Stängel glatte Petersilie
4 Stängel Thymian
1 EL Olivenöl
1 Döschen Safran
400 ml Fischfond
200 ml Gemüsebrühe
200 ml Sahne
Salz, Pfeffer

1. Die Muscheln putzen, in kaltem Wasser waschen und abtropfen lassen. Geöffnete Muscheln wegwerfen, die restlichen in den Varoma legen und mit den Anissamen bestreuen.
2. Die Schalotten abziehen und halbieren. Selleriestängel waschen, putzen und grob zerschneiden. Petersilie und Thymian waschen und trocken schütteln. Die Petersilienblätter von den Stängeln zupfen. Thymian beiseitelegen.
3. Schalotten, Sellerie und Öl in den Mixtopf geben, Messbecher aufsetzen und 6 Sekunden/Stufe 5 zerkleinern. Mit dem Spatel nach unten schieben und 3 Minuten/120 °C/Stufe 1,5 andünsten.
4. Safran, Petersilie, Fischfond und Brühe dazugeben, den Varoma aufsetzen und das Ganze 20 Minuten/Varoma/Stufe 1 garen. Die Muscheln ab und zu mit einem Pfannenwender umrühren.
5. Den Varoma abnehmen und beiseitestellen. Die Suppe 30 Sekunden/Stufe 6–8 ansteigend fein pürieren. Die Sahne angießen und Suppe mit Salz und Pfeffer abschmecken.

6. Muscheln, die sich im Dampf nicht geöffnet haben, wegwerfen. Den Rest auf 4 Teller verteilen, mit der Suppe begießen und mit den Thymianzweigen garniert servieren.

TIPP 1: **Die pikante Suppe mit dem Anisaroma verträgt auch gut einen Schuss aus der Pernodflasche. Etwa 1 EL pro Portion beim Abschmecken zur Suppe geben.**

TIPP 2: **Wenn die grünen Blätter des Selleries schön knackig sind, wären sie zu schade zum Wegwerfen. Sie können sie klein schneiden und über die Suppe streuen.**

INFO: **Staudensellerie passt (fast) immer und lässt in der Küche alles mit sich machen – Stäbchen fürs Dippen, Scheibchen in Salaten oder püriert in Suppen. In Würfel geschnitten vereint sich Staudensellerie auch gerne mit säuerlichen Äpfeln oder Weintrauben.**
Da die äußeren Stangen manchmal faserig sein können, einfach mit einem Sparschäler schälen oder zumindest die Fäden mit einem Messer abziehen.

Lachs »en papillote« mit Gemüse

Für 2 Portionen • Pro Portion: 455 kcal, 29 g E, 33 g F, 10 g KH

250 g Lachsfilet
150 g Möhren
250 g Zucchini
1 Bio-Zitrone
1 Knoblauchzehe
2 Stängel glatte Petersilie
Salz, Pfeffer
2 EL Olivenöl
750 ml Wasser

1. Das Lachsfilet waschen, trocken tupfen und halbieren. Die Möhren putzen, schälen und längs in Streifen schneiden. Die Zucchini waschen, putzen und ebenfalls in Streifen schneiden. Am besten geht das mit einem Gemüsehobel.
2. Die Zitrone heiß waschen und 1 EL Schale abreiben. Die halbe Frucht auspressen, von der anderen Hälfte 2 Scheiben abschneiden.
3. Die Knoblauchzehe abziehen. Die Petersilie waschen, trocken schütteln und die Blätter von den Stängeln zupfen.
4. Zitronenschale und -saft, Knoblauch, die Hälfte der Petersilienblätter, Salz und Pfeffer mit dem Olivenöl in den Mixtopf geben, den Messbecher aufsetzen und 5 Sekunden/Stufe 5 zerkleinern. Mit dem Spatel nach unten schieben und den Vorgang wiederholen.
5. Pergamentpapier in 2 Stücke à ca. 30 x 30 cm zurechtschneiden und die Möhren, die Zucchini und den Lachs gleichmäßig darauf verteilen. Mit dem Zitronen-Öl-Gemisch begießen und mit den Zitronenscheiben belegen. Das Pergamentpapier jeweils zu einem Päckchen verschließen.
6. Wasser in den Mixtopf füllen, den Varoma aufsetzen und die Päckchen hineinlegen. 23 Minuten/Varoma/Rührstufe garen.
7. Die Päckchen aus dem Varoma nehmen, auf 2 Teller legen, öffnen und mit der restlichen Petersilie bestreut servieren.

TIPP: Die Kohlenhydrate kommen hier hauptsächlich von den Möhren. Sie können sie nach Belieben durch Paprikastreifen ersetzen.

Topinambur-Fisch-Suppe

Für 4 Portionen • Pro Portion: 229 kcal, 25 g E, 10 g F, 10 g KH

1 weiße Zwiebel
150 g Knollensellerie
15 g Butter
150 g Staudensellerie
300 g Topinamburen
1 Lorbeerblatt
2 EL Weißweinessig
250 ml Milch
400 ml Fischfond
400 g helles Fischfilet (z. B. Tilapia, Heilbutt oder Seeteufel)
3 Stängel glatte Petersilie
100 ml Sahne zum Kochen
Salz, Pfeffer
etwas geriebene Muskatnuss

1. Die Zwiebel abziehen und vierteln. Knollensellerie putzen, schälen, waschen und grob in Stücke schneiden. Die Butter 1 Minute/100 °C/Stufe 1 im Mixtopf schmelzen, Zwiebel und Knollensellerie dazugeben, den Messbecher aufsetzen und 6 Sekunden/Stufe 5 zerkleinern. Mit dem Spatel nach unten schieben und 3 Minuten/100 °C/Stufe 1 andünsten.
2. Staudensellerie putzen, waschen und in 1 cm große Stücke schneiden. Die Topinamburen schälen, waschen und vierteln oder achteln.
3. Sellerie- und Topinamburstücke mit dem Lorbeerblatt in den Mixtopf geben und Essig, Milch und Fischfond dazugießen.
4. Fischfilet waschen, trocken tupfen und in mundgerechte Stücke schneiden. Den Einlegeboden des Varoma mit Pergamentpapier belegen. Dabei darauf achten, dass die seitlichen Schlitze zur Dampfzirkulation frei bleiben. Fisch darauflegen, Varoma aufsetzen und alles 20 Minuten/Varoma/Stufe 1,5 garen.

5. Die Petersilie waschen, trocken schütteln, die Blätter von den Stängeln zupfen und fein hacken.
6. Den Varoma beiseitestellen, die Sahne zur Suppe geben, Lorbeerblatt entfernen und Suppe mit Salz, Pfeffer und Muskatnuss abschmecken.
7. Den Fisch auf 4 Teller oder Schalen verteilen, mit der Suppe begießen und mit Petersilie bestreut servieren.

INFO: **Chowder nennt man vor allem im Nordosten Amerikas diese dickflüssigen Fischsuppen. Am bekanntesten ist wohl Clam Chowder aus den großen Venusmuscheln der Ostküste. Sie sind meist sehr kalorienreich. Unsere Chowder-Art punktet mit kalorienarmem Tilapia und kohlenhydratarmem Topinambur.**

Gedämpfter Lachs in Zitronensauce

Für 2 Portionen • Pro Portion: 499 kcal, 34 g E, 38 g F, 6 g KH

1 Bio-Zitrone
1–2 Knoblauchzehen
4 Stängel Dill
1 EL Olivenöl
300 g Lachsfilet (ohne Haut)
Salz, Pfeffer
200 ml Fisch- oder Gemüsefond
2 Eigelbe
150 ml Sahne zum Kochen
schwarzer Pfeffer aus der Mühle

1. Die Zitrone heiß waschen und 1 EL Schale abreiben. Die halbe Frucht auspressen, den Rest in Scheiben schneiden. Die Knoblauchzehen schälen. Den Dill waschen, trocken schütteln und die Blätter von den Stängeln zupfen.
2. Olivenöl und Knoblauch in den Mixtopf geben, den Messbecher aufsetzen und 3 Sekunden/Stufe 5 zerkleinern. Mit dem Spatel nach unten schieben und 3 Minuten/120 °C/Stufe 1 andünsten.
3. Das Lachsfilet waschen, trocken tupfen und mit Salz und Pfeffer würzen. Den Einlegeboden des Varoma mit Pergamentpapier auslegen. Dabei die seitlichen Schlitze zur Dampfzirkulation freilassen.
4. Den Fond und Zitronensaft und -schale in den Mixtopf geben, Varoma aufsetzen und Fisch 20 Minuten/Varoma/Rührstufe garen.
5. Den Varoma abnehmen und beiseitestellen. Die Eigelbe mit etwas Flüssigkeit aus dem Topf in einer kleinen Schüssel verquirlen. Die Sahne in den Mixtopf geben und 2 Minuten/100 °C/Stufe 2 erwärmen. Dabei nach und nach die Ei-Mischung durch die Deckelöffnung zum Legieren zur Sauce geben.
6. Den Lachs auf 2 Tellern anrichten, mit der Sauce begießen, mit Pfeffer aus der Mühle bestreuen und mit dem Dill und den Zitronenscheiben garniert servieren.

TIPP: Das übrige Eiweiß können Sie zugedeckt im Kühlschrank aufbewahren und später zum Beispiel für das Crunchy Müsli auf Seite 50 verwenden.

Lachs auf Spinat-Zucchini-Creme

Für 2 Portionen • Pro Portion: 462 kcal, 37 g E, 32 g F, 7 g KH

300 g Lachsfilet ohne Haut
1 EL Zitronensaft
Pfeffer
500 ml Wasser
150 g Zucchini
250 g Blattspinat (frisch oder TK)
1 kleine Zwiebel
1 EL Olivenöl
150 ml Gemüsebrühe
25 g Frischkäse
Salz
20 g Pinienkerne

1. Das Lachsfilet waschen, trocken tupfen und in 2 Portionen teilen. Mit Zitronensaft beträufeln und mit Pfeffer würzen.
2. Den Einlegeboden des Varoma mit Pergamentpapier auslegen, dabei die seitlichen Schlitze zur Dampfzirkulation freilassen. Den Lachs darauflegen.
3. Wasser in den Mixtopf geben, den Varoma aufsetzen und den Lachs 12 Minuten/Varoma/Rührstufe garen.
4. Die Zucchini waschen, putzen und grob zerschneiden. Den Spinat waschen, gut abtropfen lassen und verlesen. (TK-Spinat antauen lassen.) Die Zwiebel abziehen und vierteln.
5. Den Varoma abnehmen und beiseitestellen, den Mixtopf ausleeren und abtrocknen. Zwiebel und Öl in den Mixtopf geben, Messbecher aufsetzen und 5 Sekunden/Stufe 5 zerkleinern. Mit dem Spatel nach unten schieben und 3 Minuten/120 °C/Stufe 1 andünsten.
6. Zucchini und Spinat dazugeben und 5 Sekunden mithilfe des Spatels zerkleinern. Die Brühe dazugießen, den Varoma wieder aufsetzen und alles 8 Minuten/100 °C/Stufe 1,5 garen.

7. Den Varoma wieder abnehmen und das Gemüse 5 Sekunden/Stufe 6 pürieren. Den Frischkäse 3 Sekunden/Stufe 3 einrühren und die Gemüsecreme mit Salz und Pfeffer abschmecken.
8. Gemüsecreme auf 2 Teller verteilen, den Lachs in die Mitte setzen und Pinienkerne darüberstreuen.

Ausgezuckert

Es sollte allmählich Schluss sein mit dem Zucker. Ob offen oder versteckt: Ernährungswissenschaftler haben insbesondere den raffinierten Zucker als einen der Hauptverursacher von Stoffwechselerkrankungen, Immunschwäche und Übergewicht ausgemacht.

Für Schleckermäulchen sind das harte Zeiten! Und was wäre ein schönes Essen ohne krönenden Nachtisch? Wir stellen Ihnen hier einige Alternativen vor, wie Sie mit oder ohne Zuckerersatz Pudding und Cremes machen können. Bei einigen Rezepten kann auf die Verwendung von Sukrit, Xucker und Ähnlichem ganz verzichtet werden, da reife Beerenfrüchte meist genug Süße in Ihre Desserts bringen.

Brownies mit Himbeeren

Für 16 Stück • Pro Stück (ohne Himbeeren): 128 kcal, 3 g E, 12 g F, 2 g KH

25 g Bitterschokolade (85 %)
85 g Butter
1 Vanilleschote
100 g oder weniger Zuckerersatz
4 Eier, Größe M
Salz
150 g gemahlene Haselnüsse
1 TL Weinstein-Backpulver
etwas Fett für die Form
feiner Zuckerersatz zum Bestreuen (nach Belieben)
100 g Himbeeren oder anderes Obst nach Belieben

1. Schokolade und Butter in den Mixtopf geben und 2 Minuten/60 °C/Rührstufe linksdrehend schmelzen.
2. Den Backofen auf 180 °C (Umluft 160 °C) vorheizen.
3. Vanilleschote längs aufschlitzen und das Mark herauskratzen. Zusammen mit dem Zuckerersatz, den Eiern und 1 Prise Salz in den Mixtopf geben und 3 Minuten/Stufe 3 schaumig rühren.
4. Haselnüsse und Backpulver dazugeben und alles in 10 Sekunden/Stufe 3 zu einem Teig vermischen.
5. Eine Backform (24 x 24 cm) dünn einfetten. Alternativ einen Teil des Backblechs mit Alufolie abgrenzen und einfetten. Den Teig in die Form streichen und 20–25 Minuten im Ofen backen.
6. Kuchen auskühlen lassen, in 16 Quadrate schneiden und diese mit feinem Zuckerersatz bestreuen. (Hier kann man auch wegen der geringen Menge normalen Puderzucker verwenden.)
7. Vor dem Servieren Beeren oder Obst nach Belieben vorbereiten und auf den Brownies verteilen.

Schwarzwaldbecher

Für 4 Portionen • Pro Portion: 157 kcal, 5 g E, 11 g F, 10 g KH

2 Blätter weiße Gelatine
1 Bio-Zitrone
400 ml Joghurt (3,5 % Fett)
75 g Zuckerersatz
2 Brownies (Rezept Seite 173)
100 g Sauerkirschen, frisch oder aus dem Glas
10 g Bitterschokolade (85 %)

1. Die Gelatine 10 Minuten in kaltem Wasser einweichen. Die Zitrone heiß waschen, 1 EL Schale abreiben und die Frucht auspressen.
2. Gelatine tropfnass in den Mixtopf geben und 1,5 Minuten/45 °C/Stufe 1 auflösen. Nach 1 Minute nach und nach 5 EL Joghurt durch die Deckelöffnung dazugeben.
3. Restlichen Joghurt, Zitronensaft und -schale sowie den Zuckerersatz in den Mixtopf geben, Messbecher aufsetzen und 5 Sekunden/Stufe 4 verrühren.
4. Die Brownies etwas zerbröseln und in 4 hohe Gläser geben. Einige Sauerkirschen darauf verteilen und die Creme einfüllen. 3–4 Stunden kalt stellen.
5. Von der Schokolade mit einem scharfen kleinen Messer Raspel abschaben und diese vor dem Servieren auf der Joghurtcreme verteilen. Schwarzwaldbecher mit den restlichen Sauerkirschen garnieren.

INFO: **Es gibt mittlerweile auch zuckerfreie Schokolade, die aus Maltitol hergestellt wird. Das ist – wie Erythritol – ein Zuckeralkohol natürlichen Ursprungs. Maltitol und daraus hergestellte Produkte sind allerdings nicht ganz ohne Kohlenhydrate.**

Panna Cotta mit Beerenpüree

Für 4 Portionen • Pro Portion: 303 kcal, 5 g E, 27 g F, 9 g KH

1 Vanilleschote
300 ml Sahne
200 ml Milch
80 g Zuckerersatz
4 Blatt weiße Gelatine
200 g frische Beeren
20 g Pinienkerne

1. Die Vanilleschote längs aufschlitzen und das Mark herauskratzen. Zusammen mit Sahne, Milch und Zuckerersatz in den Mixtopf geben und 6 Minuten/100 °C/ Rührstufe zum Kochen bringen.
2. Sahnemilch 25 Minuten/80 °C/Rührstufe weiter simmern lassen. Die Gelatine derweil in kaltem Wasser einweichen.
3. Die Gelatine ausdrücken, in eine kleine Schüssel geben und 1 kleine Kelle der Sahnemilch dazugeben. Gut verrühren. 30 Sekunden/Stufe 3 einstellen und die Gelatinemasse nach und nach durch die Deckelöffnung zur Sahne geben.
4. Panna Cotta in Portionsförmchen oder Gläser füllen und zugedeckt im Kühlschrank 5–6 Stunden kalt stellen.
5. Vor dem Servieren die Beeren waschen, gut abtropfen lassen, putzen oder verlesen. Einige schöne Früchte zur Dekoration beiseitelegen. Den Rest 10 Sekunden/Stufe 6 im Mixtopf pürieren.
6. Die Pinienkerne in einer beschichteten Pfanne ohne Fett goldgelb rösten.
7. Das Beerenpüree auf 4 Tellern verstreichen, die Panna Cotta darauf stürzen und mit den restlichen Beeren und Pinienkernen bestreut servieren.

TIPP: **Das ist die klassische Variante (aber ohne Zucker!) der italienischen Creme. Panna Cotta heißt nichts anderes als »gekochte Sahne«, die Sie zur Abwechslung auch mal mit Gewürzen anreichern können. Statt der Vanille zum Beispiel 2 Sternanis und 3 Kardamomkapseln mitkochen und wieder entfernen, bevor die Gelatine dazukommt.**

Papayacreme mit Kumquats

Für 4 Portionen • Pro Portion: 37 kcal, 1 g E, 0 g F, 6 g KH

Für die Papayacreme:
200 g essreife Papaya
1 Bio-Limette
150 ml Joghurt
Zuckerersatz nach Belieben
4 Blätter weiße Gelatine

Für die Kumquatsauce:
75 g Kumquats
1 Orange
1 Prise gemahlener Kardamom
Zuckerersatz nach Belieben

1. Die Papaya schälen, Kerne entfernen und das Fruchtfleisch grob würfeln. Die Limette heiß waschen, 2 TL Schale fein abreiben. Die Frucht auspressen.
2. Papaya, Limettenschale und -saft in den Mixtopf geben, den Messbecher aufsetzen und 3 Sekunden/Stufe 5 pürieren. Joghurt und eventuell Zuckerersatz 3 Sekunden/Stufe 3 unterrühren.
3. Gelatine 5 Minuten in kaltem Wasser einweichen, tropfnass in einem kleinen Topf unter Rühren auflösen. Etwas von der Papayacreme zur Gelatine rühren, den Thermomix® auf 30 Sekunden/Stufe 3 einstellen und die Gelatine-Mischung nach und nach durch die Deckelöffnung zur Creme in den Mixtopf geben.
4. Creme in 4 Dessertgläser füllen und 3 Stunden im Kühlschrank gelieren lassen.
5. Die Kumquats waschen, 4 Früchte halbieren oder vierteln und zur Dekoration beiseitelegen, den Rest grob hacken. Die Orange auspressen.
6. Kumquats, Orangensaft und Kardamom in den Mixtopf geben und 20 Minuten/100 °C/Stufe 1,5 offen einkochen lassen. Nach Belieben etwas Zuckerersatz dazugeben und alles 30 Sekunden/Stufe 5 pürieren.
7. Die heiße Sauce auf die kalte Papayacreme geben und Desserts mit den Kumquathälften garniert servieren.

Schokoladenpudding

Für 4 Portionen • Pro Portion (ohne Beeren): 164 kcal, 8 g E, 11 g F, 9 g KH

6 Blatt weiße Gelatine
Wasser für die Gelatine
400 ml Milch
40 g Bitterschokolade (85 %)
1 EL Kakaopulver
2 Eier, Größe M
40 g Zuckerersatz
200 g Beerenobst nach Belieben

1. Die Gelatine in kaltem Wasser einweichen.
2. Milch, Schokolade und Kakaopulver in den Mixtopf geben und 1 Minute/80 °C/Stufe 1 erwärmen, sodass die Schokolade schmilzt.
3. Eier, Zuckerersatz und gut ausgedrückte Gelatine dazugeben und 5 Minuten/100 °C/Stufe 3 aufkochen.
4. Pudding in kalt ausgespülte Förmchen füllen, auskühlen lassen und mindestens 3 Stunden im Kühlschrank gut durchkühlen lassen.
5. Beeren waschen, verlesen und gut abtropfen lassen. Den Pudding aus den Formen stürzen und mit den Beeren servieren.

TIPP: **Wer die Papayacreme oder den Schokoladenpudding noch etwas hübscher gestalten möchte, kann noch einen Klecks Schlagsahne und ein paar Minzeblätter obenauf geben.**

Buttermilchpudding mit Rhabarberkompott

Für 4 Portionen • Pro Portion: 62 kcal, 7 g E, 1 g F, 6 g KH

Für das Kompott:
400 g Rhabarber
½ Vanilleschote
2 Gewürznelken
30 g Zuckerersatz nach Belieben
50 ml Wasser
1 TL Gelierpulver (z. B. Agar-Agar oder Guarkernmehl)

Für den Pudding:
1 Pck. weißes Gelatine-Pulver
Wasser für die Gelatine
½ Bio-Zitrone
200 ml Buttermilch
200 ml Quark (20 % Fett)
40 g Zuckerersatz

1. Rhabarber putzen, waschen und schräg in 3 cm lange Stücke schneiden. Die Vanilleschote aufschlitzen und das Mark herauskratzen.
2. Rhabarber, Vanille, Gewürznelken, Zuckerersatz und Wasser in den Mixtopf geben und 6 Minuten/100 °C/Stufe 1,5 linksdrehend zum Kochen bringen.
3. Das Gelierpulver nach Packungsanleitung anrühren, mit dem Spatel unterheben und das Kompott nochmals 1 Minute/100 °C/Stufe 1 linksdrehend aufkochen lassen.
4. Kompott in eine Schüssel umfüllen – dabei die Gewürznelken entfernen – und abkühlen lassen. Den Mixtopf spülen und abtrocknen.
5. Für den Pudding die Gelatine in den Mixtopf geben, Wasser nach Packungsanleitung dazugeben (meist 50 ml) und quellen lassen.

6. Die Zitrone heiß waschen, 1 TL Schale abreiben und die halbe Frucht auspressen.
7. Die Gelatine 1 Minute/60 °C/Stufe 2 bei milder Hitze vollständig auflösen.
8. Dann am Gerät 1 Minute/Stufe 2 (ohne Hitze) einstellen und die Buttermilch durch die Deckelöffnung langsam angießen.
9. Quark, Zuckerersatz, Zitronenschale und -saft in den Mixtopf geben und 10 Sekunden/Stufe 3 unterrühren.
10. Pudding in 4 kalt ausgespülte Dessertschalen oder Gläser füllen und im Kühlschrank 1 Stunde fest werden lassen.
11. Das Rhabarberkompott vor dem Servieren über den Pudding löffeln.

TIPP: **Dieses Grundrezept für den Buttermilchpudding können Sie variieren, indem Sie zum Beispiel gehackte Minze oder Zitronenmelisse untermischen. Sie müssen auch nicht zwingend ein Kompott dazu reichen. Leicht pürierte frische Beeren dazu sind lecker und absolut Low-Carb-konform.**

Schoko-Mandel-Kekse

Für ca. 24 Stück • Pro Stück: 127 kcal, 3 g E, 12 g F, 1 g KH

50 g Diät-Schokolade oder Schoko-Energie-Riegel
300 g ganze, geschälte Mandeln
1 Ei, Größe M
125 g Butter
Salz
40 g Zuckerersatz

1. Den Backofen auf 180 °C (Umluft 160 °C) vorheizen.
2. Diät-Schokolade oder Schoko-Riegel mit einem scharfen Messer in kleine Würfel schneiden.
3. 250 g Mandeln in den Mixtopf geben, Messbecher aufsetzen und 4 Sekunden/Stufe 6 mahlen. Die restlichen Mandeln dazugeben und 3 Sekunden/Stufe 5 grob zerkleinern.
4. Ei, weiche Butter, 1 Prise Salz, Zuckerersatz und Schokoladenwürfel dazugeben. 30 Sekunden/Stufe 3 linksdrehend zu einem Teig rühren.
5. Ein Backblech mit Backpapier auslegen und mit einem Löffel aus dem Teig kleine Fladen auf das Blech setzen. Nicht zu eng beieinander, denn sie laufen in der Hitze auseinander. 15 Minuten blassgelb backen.
6. Kekse auskühlen lassen und zum Aufbewahren in eine gut verschließbare Dose geben.

TIPP: **Die Kekse können Sie auch mit dem Mark 1 Vanilleschote, 1 TL Zimt oder 1 TL Kakaopulver variieren.**

Low-Carb-Pfannkuchen

Für 4 Stück • Pro Stück: 179 kcal, 11 g E, 12 g F, 7 g KH

4 Eier, Größe M
200 ml Milch (3,5 % Fett)
Salz
50 g Kokosmehl
1 TL Backpulver
4 TL Kokosöl oder Butter

1. Eier, Milch und 1 Prise Salz in den Mixtopf geben, Messbecher aufsetzen und 10 Sekunden/Stufe 3 verrühren.
2. Mehl und Backpulver dazugeben und weitere 20 Sekunden/Stufe 3 zu einem glatten Teig rühren. Da Kokosmehl von unterschiedlichen Herstellern angeboten wird und daher auch unterschiedliche Konsistenzen haben kann, empfiehlt es sich, die Teigmasse etwas ruhen zu lassen (sie kann aufquellen) und dann nach Bedarf mit Mineralwasser (mit Kohlensäure) zu einem nicht zu flüssigen Teig zu rühren.
3. Jeweils 1 TL Öl oder Butter in einer kleinen beschichteten Pfanne erhitzen und 1 Kelle Teig darin verteilen. Etwa 2 Minuten backen. Wenn sich an der Oberfläche kleine Löcher zeigen, Pfannkuchen mit einem Pfannenwender umdrehen und ca. 1 Minute fertig backen.

TIPP: **Die Pfannkuchen können Sie nach Belieben mit Low-Carb-Marmelade, saurer Sahne oder einfach nur mit etwas Zuckerersatz bestreut servieren.**

INFO: **Die Pfannkuchen sind dicker als „normale" Pfannkuchen und in der Konsistenz sehr fluffig. Wenn Ihnen das Wenden Mühe macht: einfach grob zerpflücken und fertig ist der Kaiserschmarrn.**

Blaubeer-Ricotta-Kuchen

Für 6 Portionen • Pro Portion: 208 kcal, 10 g E, 14 g F, 9 g KH

Für den Kuchen:
½ Bio-Zitrone
500 g Ricotta
170 g Zuckerersatz
1 Ei, Größe M
1 Pck. gemahlene Gelatine
etwas Fett für die Form
1 l Wasser

Für den Belag:
250 g frische Blaubeeren
100 g dunkle Konfitüre (z. B. Beeren mit Chiasamen Seite 29)
Puderzucker oder Zuckerersatz nach Belieben

1. Zitrone gut waschen, Schale abreiben und Saft auspressen. Ricotta, Zuckerersatz, Ei, Zitronensaft und -schale in den Mixtopf geben und 10 Sekunden/Stufe 4 cremig rühren. (Spritzschutz aufsetzen!)
2. 3 EL von der Ricottamasse mit der – nach Packungsanleitung – aufgelösten Gelatine verrühren, zurück in den Mixtopf geben und alles zusammen 15 Sekunden/Stufe 4 gut verrühren.
3. Eine Springform (16 cm Durchmesser) dünn ausfetten, die Ricottamasse einfüllen und mit Klarsicht- oder Alufolie gut verschließen. Eventuell mit Küchengarn zubinden.
4. Den Mixtopf ausspülen und das Wasser einfüllen. Die Springform in den Varoma geben und den Kuchen 50 Minuten/Varoma/Rührstufe dämpfen.
5. Kuchen in der Form etwas auskühlen lassen. In der Zwischenzeit die frischen Blaubeeren waschen, gut abtropfen lassen und verlesen. Die Konfitüre leicht erhitzen, auf dem Kuchen verstreichen und die Blaubeeren daraufgeben.

6. Kuchen mindestens 1 Stunde im Kühlschrank durchkühlen lassen, dann aus der Form lösen, in Stücke teilen und nach Belieben mit Puderzucker oder Zuckerersatz bestreut servieren.

Sahne-Schoko-Taler

Für ca. 18 Stück • Pro Stück: 179 kcal, 8 g E, 14 g F, 5 g KH

Für den Teig:
4 Eier, Größe M
60 g Zuckerersatz
60 g Kokos- oder Mandelmehl
45 g dunkles Kakaopulver
½ Pck. Backpulver
20 ml Milch

Für die Füllung:
½ Pck. Gelatinepulver
½ Vanilleschote
200 ml Schlagsahne
30 g Zuckerersatz
50 g Frischkäse
20 ml Milch

1. Den Backofen auf 180 °C (Umluft 160 °C) vorheizen.
2. Eier und Zuckerersatz in den Mixtopf geben und 2 Minuten/Stufe 3 schaumig rühren. Mehl, Kakaopulver, Backpulver und Milch dazugeben und alles 30 Sekunden/Stufe 2 zu einem weichen Teig verrühren.
3. Ein Backblech mit Backpapier auslegen und den Teig dünn darauf verstreichen. Teig im Ofen 15 Minuten backen, dann herausnehmen und vollständig auskühlen lassen. Den Mixtopf spülen und abtrocknen.
4. Wenn der Schokokuchen kalt ist, für die Füllung die Gelatine in einer kleinen Schüssel nach Packungsanleitung vorbereiten. Vanilleschote längs aufschlitzen und das Mark herauskratzen.
5. Sahne mit Zuckerersatz in den Mixtopf geben, Schmetterling einsetzen und Sahne 2–3 Minuten/Stufe 3 steif schlagen. (Durch die Deckelöffnung beobachten, da die Sahne je nach Beschaffenheit und Temperatur unterschiedliche Zeiten benötigt.) Sahne in eine Schüssel umfüllen.

6. Frischkäse, Milch und Vanillemark in den Mixtopf geben und 10 Sekunden/ Stufe 2 cremig rühren, dabei die aufgeweichte Gelatine einrühren. Die Frischkäsemasse behutsam mit einem Kochlöffel unter die Sahne heben.
7. Den Teig in 2 gleich große Rechtecke teilen, die Sahnecreme auf einem Teil verstreichen, den zweiten Boden darauflegen. Kuchen im Kühlschrank 3–4 Stunden kalt stellen. Mit einem Ausstecher runde Taler ausstechen oder mit einem Messer rechteckige Schnitten schneiden.

TIPP: **Dem Geschmack tut es keinen Abbruch, wenn Sie den erkalteten Schokokuchen einfach in Rechtecke schneiden und die Sahnecreme getrennt dazu reichen. Dabei können Sie die Gelatine weglassen und nach Belieben leicht zerdrückte Beerenfrüchte unterheben.**

Schoko-Quark-Kuchen mit Beeren

Für 6 Stück • Pro Stück: 177 kcal, 12 g E, 10 g F, 9 g KH

250 g Beeren
25 g Bitterschokolade (85 %)
25 g Butter
100 g Zuckerersatz
3 Eier, Größe M
Salz
250 g Quark (20 % Fett)
50 g Kokosmehl
25 g Kakaopulver
10 g Weizenkleie
1 TL Weinstein-Backpulver
etwas Fett für die Form
feiner Zuckerersatz oder Puderzucker nach Belieben

1. Die Beeren behutsam waschen, abtropfen lassen, verlesen und Stiele oder Rispen entfernen.
2. Den Backofen auf 180 °C (Umluft 160 °C) vorheizen.
3. Schokolade und Butter in den Mixtopf geben und 2 Minuten/60 °C/Rührstufe linksdrehend schmelzen.
4. Zuckerersatz, Eier und 1 Prise Salz dazugeben und alles 3 Minuten/Stufe 3 schaumig rühren.
5. Quark, Kokosmehl, Kakaopulver, Kleie und Backpulver dazugeben und 10 Sekunden/Stufe 3 verrühren.
6. Eine kleine Springform (ca. 18 cm Durchmesser) einfetten, den Teig einfüllen und glatt streichen. Die Beeren obenauf verteilen und leicht andrücken.
7. Kuchen im Ofen 50 Minuten backen und anschließend in der Form auskühlen lassen. Zum Servieren nach Belieben mit feinem Zuckerersatz oder Puderzucker bestreuen.

Kaiserschmarrn mit Beerenobst

Für 4 Portionen • Pro Portion: 261 kcal, 28 g E, 12 g F, 10 g KH

2 Eier, Größe M
200 ml Milch
50 ml Buttermilch
1 Prise Salz
100 g Mandelmehl
50 g Eiweißpulver
4 TL Butter
200 g frische Beeren
Puderzucker oder feiner Zuckerersatz zum Bestreuen

1. Alle Zutaten mit Ausnahme der Butter und der Beeren in den Mixtopf geben, den Messbecher aufsetzen und 15 Sekunden/Stufe 4 vermischen. Teig in eine Schüssel umfüllen und 10 Minuten quellen lassen.
2. In der Zwischenzeit die Beeren waschen und gut abtropfen lassen.
3. Jeweils 1 TL Butter in einer beschichteten Pfanne (20 cm Bodendurchmesser) schmelzen, jeweils 1 Kelle Teig einfüllen und bei milder Hitze stocken lassen. Wenn die Oberfläche beinahe trocken ist, Pfannkuchen mit einem Pfannenwender wenden und dann mithilfe eines zweiten Pfannenwenders in Stücke zerreißen.
4. Kaiserschmarrn unter mehrmaligem Wenden fertig backen. Die einzelnen Portionen eventuell im Backofen warm halten.
5. Kaiserschmarrn auf 4 Tellern oder Schüsseln verteilen, die Beeren darübergeben und mit Puderzucker oder Zuckerersatz bestreuen.

Rezepteregister

G

H

J

K

L

M

O

P

Q

R

S

T

W

Z

Bildnachweis

S. 8: Pixelbliss/Shutterstock.com; S. 11: Alim Yakubov/Shutterstock.com; S. 12: Elena_Danileiko/Shutterstock.com; S. 15, 53, 63, 72, 187: A_Lein/Shutterstock.com; S. 16: Oksana Mizina/Shutterstock.com; S. 18: George3973/Shutterstock.com, Reika/Shutterstock.com; S. 20: CatchaSnap/Shutterstock.com, Dream79/Shutterstock.com, AnastasiaIzofatova/Shutterstock.com, AS Food studio/Shutterstock.com; S. 21: sugar0607/Fotolia.com, Peredniankina/Shutterstock.com; S. 22: Sarsmis/iStockphoto.com, Happy Stock Photo/Shutterstock.com, Mama/Shutterstock.com, Binh Thanh Bui/Shutterstock.com, Elena Veselova/Shutterstock.com, Yuliya Gontar/Shutterstock.com, Anna Shepulova/Shutterstock.com, Ekaterina Kondratova/Shutterstock.com, Olena Kaminetska/Shutterstock.com, Radu Bercan/Shutterstock.com, Viktor1/Shutterstock.com, Avrora Studio/Shutterstock.com, Eduard Zhukov/Shutterstock.com, Hong Vo/Shutterstock.com, mayakova/Shutterstock.com, Mama/Shutterstock.com, Jiri Hera/Shutterstock.com, Binh Thanh Bui/Shutterstock.com, zi3000/Shutterstock.com, OlegD/Shutterstock.com, Fotoatelie/Shutterstock.com; S. 24: TGTGTG/Shutterstock.com; S. 26: Ekaterina Iatcenko/Shutterstock.com; S. 27: anitasstudio/Shutterstock.com; S. 28: bitt24/Shutterstock.com; S. 29: Sebastian Duda/Shutterstock.com; S. 30, 33, 34: Anna Ewa Bieniek/Shutterstock.com; S.32: Yeko Photo Studio/Shutterstock.com; S. 36: Doris Heinrichs/Shutterstock.com; S. 37: Anna_Shepulova/iStock.com; S. 39: from my point of view/Shutterstock.com; S. 40: NADKI/Shutterstock.com; S. 43: 5PH/Shutterstock.com; S. 44: Maxsol/Shutterstock.com; S. 45: Elena M. Tarasova/Shutterstock.com; S. 47: YelenaYemchuk/iStock.com; S. 48: Oksana Mizina/Shutterstock.com; S. 50: CatchaSnap/Shutterstock.com; S. 52: IngridHS/Shutterstock.com; Elena Schweitzer/Shutterstock.com; S. 54: Elena_Danileiko/iStock.com; S. 56: Ronda Kimbrow/Shutterstock.com; S. 57: Sohadiszno/iStock.com; S. 58: hsunny/Shutterstock.com; S. 59: Happy Stock Photo/Shutterstock.com; S. 61: Nataliya Nazarova/Shutterstock.com; S. 65: Dream79/Shutterstock.com; S. 66: Brent Hofacker/Shutterstock.com; S. 68: cktravelling/iStock.com, TMsara/Shutterstock.com; S. 69: okkijan2010/Fotolia.com; S. 70: Janet Moore/Shutterstock.com; S. 71: Geshas/Shutterstock.com; S. 75: Edith Frincu/Shutterstock.com; S. 77: Dream79/Shutterstock.com; S. 79: zoryanchik/Shutterstock.com; S. 81: Brent Hofacker/Fotolia.com; S. 83: zefirchik06/Shutterstock.com; S. 85: VICUSCHKA/Shutterstock.com; S. 86: Radu Bercan/Shutterstock.com; S. 89: Christian Pedant/Fotolia.com; S. 90: ManuWe/iStock.com; S. 93: Master1305/Shutterstock.com; S. 95: marysckin/Shutterstock.com; S. 96: AS Food studio/Shutterstock.com; S. 97: Fh Photo/Shutterstock.com; S. 99: teleginatania/Shutterstock.com; S. 101: vm2002/Shutterstock.com; S. 103: Elena Veselova/Shutterstock.com; S. 105: kps123/Shutterstock.com; S. 107: MSPhotographic/Shutterstock.com; S. 109: RakeshPicholiya/iStock.com; S. 111: Lilyana Vynogradova/Shutterstock.com; S. 113: Jaroslaw Pawlak/Shutterstock.com; S. 114: Elena Veselova/Shutterstock.com; S. 117: Silvia Bogdanski/Fotolia.com; S. 118: Anastasia Izofatova/Shutterstock.com; S. 119: Peredniankina/Shutterstock.com; S. 121: NEstudio/Shutterstock.com; S. 122: Karin Jaehne/Shutterstock.com; S. 125: OlegD/Shutterstock.com; S. 127: vkuslandia/Shutterstock.com; S. 128: alexpro9500/Shutterstock.com; S. 131: sugar0607/iStock.com; S. 133: manyakotic/iStock.com; S. 134: Brent Hofacker/Shutterstock.com; S. 135: Nataliya Arzamasova/Shutterstock.com; S. 136: Eduard Zhukov/Shutterstock.com; S. 137: HandmadePictures/Shutterstock.com; S. 138: Cesarz/Shutterstock.com; S. 141: Africa Studio/Shutterstock.com; S. 143: Slavica Stajic/Shutterstock.com; S. 144: Slavica Stajic/Shutterstock.com; S. 145: Long Bao/Shutterstock.com; S. 146: Silvia Bogdanski/Shutterstock.com; S. 149: AS Food studio/Shutterstock.com; S. 151: Christian-Fischer/Shutterstock.com; S. 153: Thawan Leelatham/Shutterstock.com; S. 155: Wittayayut/Shutterstock.com; S. 156: peredniankina/iStock.com; S. 157: ILEISH ANNA/Shutterstock.com; S. 158: sugar0607/Fotolia.com; S. 161: studio f22 ricardo rocha/Shutterstock.com; S. 163: marco mayer/Shutterstock.com; S. 165: Julie208/Shutterstock.com; S. 167: jreika/Shutterstock.com; S. 169: MarynaVoronova/Shutterstock.com; S. 171: Hans Geel/Shutterstock.com; S. 172: Popoudina Svetlana/Shutterstock.com; S. 174: ALLEKO/Shutterstock.com; S. 175: Hans Geel/Shutterstock.com; S. 176: Uvarov Stanislav/Shutterstock.com; S. 177: Stefanie Mohr Photography/Shutterstock.com; S. 179: ElenaKor/Shutterstock.com; S. 180: Alim Yakubov/Shutterstock.com; S. 183: hlphoto/Shutterstock.com; S. 185: Franziska Wagner/Shutterstock.com; S. 186: Simon Laprida/Shutterstock.com